KB212062

성육신

하늘과 땅이 겹치는 경이

윌리엄 윌리몬 지음 · 정다운 옮김

성육신

하늘과 땅이 겹치는 경이

윌리엄 윌리몬 지음 · 정다운 옮김

비아

| 차례 |

들어가며

그리스도교 신앙은 위대한 모험입니다. 그 여정에는 경이와 신비가 가득하지만 혼자 그 길을 걸을 수는 없습니다. 아주 낯선 곳으로의 여정이라 이끌어주는 안내자가 꼭 필요하지요. 이 길을 걸으며 당신은 세상이 공개적으로 논의하지 않는 비밀을 듣게 될 테고, 당신의 세계는 확장될 것이며, 삶이 풍요로워질 것입니다. 그렇게 당신의 삶은 변화될 것입니다.

이 책은 신앙의 풍요로움, 그리스도교 신앙이라는 모험, 그리스도교 신학이라는 선물을 향유하려는 의도에서 나왔습니다. 저는 이 책에서 그리스도인처럼 생각하는 모험을 감

행하려 합니다. 물론 신앙을 지적으로만 파악해서는 신앙에 별 유익이 없다는 지적도 일리는 있지만, 예수 그리스도를 지나치게 단순화할 때 잃는 것이 훨씬 더 큽니다. 게다가 풀기 어려운 두뇌 게임을 즐기는 쪽은 교회가 아닙니다. 우리에게 풀지 못할 수수께끼를 던지는 쪽은 외려 삶이지요. 설교 중에 제가 제기하는 물음보다 한층 크고 선 굵은 질문을 사람들은 종종 교회를 향해 던지곤 합니다. 그들은 묻습니다. '왜 저는 행복하지 않을까요?' '죽으면 다 끝인가요?' '약속을 지키기란 왜 이리 어려운가요?' '이게 전부일까요?' '예수가 구원자라는데 왜 이 세계는 아직 구원받지 못한 것처럼 보이는 겁니까?'

종교 분야든 어디든 무언가를 팔아먹으려는 장사꾼들은 '성공하는 여섯 가지 비법, 혹은 몇 가지 단계', '더 행복한 삶을 누리는 비결'을 외치며 이리저리 활보합니다. 진리를 단숨에 간단히 파악할 수 있다는 거짓말을 해명해야 하는 쪽은 교회가 아닙니다. 그처럼 우리를 유혹하는 것 역시 삶입니다. 우리 곁에는 "그건 그저 ○○의 문제일 뿐"이라는 환원주의적 거짓말을 믿다 부서진 슬픈 잔해들이 즐비합니다.

무엇보다, 예수 자신이 삶의 중요한 문제들과 관련해 지나치게 단순화한, 애쓰지 않아도 되고 요구하는 것도 많지 않은 설명들에 저항했습니다. 그는 종종 직설적이고 단순하며 친숙한 언어로 진리를 전했습니다. 하지만 그 진리는 결코 단순명료하고 아무 요구 사항도 없는, 가벼운 것이 아니었습니다. 처음에 평범한 사람들은 예수의 말을 기쁘게 들었습니다('모두' 기쁘게 듣지는 않았습니다만 당국이 긴장하기에는 충분한 숫자였지요). 하지만 이내 예수가 가르친 단순한 진리, 그가 감내한 삶, 죽음으로 인해 그들은 혼란스러워졌습니다. 현실에 대한 확고하고 안전한 생각이 예수로 인해 흔들리게 되었기 때문입니다. 복음서에는 이런 군중의 이야기가 그득합니다. 그들은 예수를 만나기 전까지 자신이 아는 세계가 전부라고 자신했습니다. 그렇기에 예수를 만난 거의 모든 이는 일종의 지적 위기를 경험했습니다. 자신이 알던 세계가 흔들렸던 것이지요. 사람들은 예수를 만나고 "와! 나 방금 하느님의 아들을 만났어!"라고 반응하지 않았습니다. 그보다는 이렇게 반응했지요. "이 사람은 도대체 누구지?"

이 책에서는 성육신 교리에 관해 생각해 보려 합니다. 스릴 넘치는 여행이 될 예정이니 손잡이를 꽉 붙드시기 바랍니다. 성육신 교리는 그리스도인들을 위한 것입니다. 이 교리는 그리스도인들이 예수 그리스도에 대해 마땅히 말해야 할 바를 말하게 해줍니다. 예수를 만나기 전까지는, 우리와 똑

같은 물질적인 몸을 지닌, 온전히 인간이신 분, 그러면서도 우리와 달리 영원한 그분을 만나기 전까지 우리에게 성육신 교리는 필요하지 않습니다.

마태오가 전하는 바에 따르면 요셉은 꿈결에 약혼자의 임신 소식을, 그것도 그녀가 자신의 아이가 아닌 아이를 임신했다는 이야기를 들었습니다(어쩌면 하느님은 우리가 무방비 상태일 때 이런 소식을 전하시는 걸 즐기시는 듯합니다). 그는 화가 나는 한편 두려워 식은땀을 흘렸습니다. 한때 알고 있다고 여겼던 온 세계가 뒤흔들리는 듯했으며 모든 것을 처음부터 다시 생각해 보아야 했습니다. 요셉은 우리에게 경고합니다. "성육신은 충격적인 사건입니다. 이에 대해 생각해 보는 건 험난한 여정이 될 겁니다."

우리는 깊은 물로 들어가려는 참입니다. 그러니 제 손을 잡으세요. 이제 여러분이 깜짝 놀랄 이야기를 하나 해 드리겠습니다. 그리스도교는 예수가 하느님과 '거의 같은 분이었다'고 믿는 것이 아닙니다. 그리스도교는 예수가 하느님이라고 믿습니다. 하느님이 그리스도와 같으심을 알기에 그리스도인인 우리는 이 세상이 어떻게 움직이며 우리가 이 세상에서 무엇을 해야만 하는지를 압니다.

근래에는 '영성'spirituality에 대한 논의들이 곳곳에서

터져 나오고 있습니다. 하지만 저는 그보다는 '성육신성'incarnationality에 관한 논의가 활성화되기를 고대합니다. 그리스도 안에서 하늘과 땅이 만납니다. 예수를 통해 하느님은 육신이 되십니다. 예수를 바라보며 우리가 보리를 바랐던 영원의 참된 모습, 전능의 참된 모습을 봅니다. 그리스도인은 그렇게 믿습니다. "나를 본 자는 아버지를 보았다"(요한 14:9)는 진술은 누구에게나 놀라운 말일 테지만 특히 가난한 자, 실업자, 노숙인, 헤매며 구걸하는 자, 부당한 권력에 의해 고문당하는 자들에게는 더욱 그렇습니다.

예수의 수많은 비유는 '하느님의 나라는 무엇과 같다'는 말로 시작합니다. 그는 그런 방식으로 우리를 가르쳤습니다. 예수는 그처럼 일상적인 이야기("한 여인이 빵을 굽기 위해 반죽을 치대고 있었다", 혹은 "한 남자에게 두 아들이 있었다")를 통해 하느님의 통치, 하느님이 다스리는 영토를 말했습니다. 땅에 속한 것들에 빗대어 천상을 드러냈습니다. 그의 말과 활동에는 하늘과 땅, 한시적인 것과 영원한 것, 일상적인 것과 신비로운 것이 분리되지 않고 서로 엮여 있습니다. 그를 따랐던 첫 번째 무리는 바로 그 예수를 믿었습니다. 우리는 이제 그리스도교 신앙의 심장에 서 있습니다. 전능하신 하느님, 하늘을 펼치시고 하늘길에 별을 흩으신 그분께서 나자렛에 사는 한 인간이 되셨습니다.

그러므로 성육신 교리는 이미 일어났으며 여전히 일어나고 있는 이 놀라운 사건을 이해해보려는 시도라 할 수 있습니다. 나자렛 출신의 한 유대인이 이 세상에서 잠시 살다가 폭력에 의해 죽었습니다. 3일 후 여인들은 "그가 살아나셨다!"고, 하느님이 지금 여기에 계신다고 외쳤습니다. 그렇기에 그는 하늘과 땅이 겹치고 맞물리는 자리입니다. 성육신 교리는 이 경이로운 사건을 이해해보려는 시도입니다.

-윌리엄 윌리몬

01

—

하느님을 드러내신 하느님

대학생이 되고 맞이한 첫 여름. 저는 빈둥빈둥 유럽을 유랑했습니다. 어느 날 한밤중에 다른 학생들과 암스테르담 광장 근처에 대자로 뻗어 누워 있는데 곁에 있던 한 학생이 제게 속삭였습니다. "하느님 보고 싶지 않아? 자, 이거 받아." 다음 날 아침, 저는 끔찍한 두통과 함께 여왕 동상 발치에서 정신을 차렸습니다. 물론 하느님은 보지 못했습니다.

하느님을 보고 싶지 않은 사람이 있을까요? 유신론자든 무신론자든 모두 인류의 역사를 신을 찾아 헤맨 긴 여정(종종 거기에는 우리의 터무니없는 상상이 덧붙곤 했지요)으로 요약하곤 합니다. 하지만 "신은 존재하는가?"와 같은 무신론자의 질문은 "하느님은 누구인가, 그는 어떤 분인가?"보다는(이편이 성서의 질문입니다) 덜 흥미롭습니다. 미국인의 95%는 신이 있다고 믿습니다. 하지만 논쟁거리는 남습니다. '신은 어떻게 생겼는가? 신은 우리에게 무엇을 기대하는가? 신은 우리를 돌보고 계시는가?' 그중에서도 가장 핵심 질문은 이것입니다. '신은 우리를 돌보고 계시는가?'

우리는 우리에 대해, 또 신에 대해 끊임없이 묻습니다. 이렇게 큰 질문을 던지는 것은 좋은 일입니다. 문제는 '우리는 누구인가?'와 '신은 누구인가?'라는 물음 사이에는 커다란 간극이 있다는 점입니다. 우리 힘으로는 그 물음에 답하는 게 불가능합니다. 어떻게 피조물이 창조주를 정확하게 그려낼 수 있겠습니까? 어떻게 유한한 정신이 무한자를 파악할 수 있을까요?

언젠가 앨라배마의 황야에서 길을 잃은 적이 있습니다. 그때 저는 작은 교회로 돌아갈 길을 찾고 있었습니다. 헤매던 걸음을 멈추고 지역 주유소 앞 의자에 등을 기대앉은 한 남자에게 물었습니다. "선생님 여기서 뱅고로 가는 길을 좀 알려 주시겠어요?" 그는 턱을 긁적거리며 잠시 생각하더니 답했습니다. "이봐, 여기에서 거기로 가는 길 같은 건 없어요."

하느님에 관한 생각도 이와 같습니다. 우리 자신에서 하느님에게 이르는 길 같은 것은 없습니다. 인상적인 추론, 생생한 영적 체험, 경건한 실천, 그리고 깊은 신심으로 이루어지는 양육조차 우리를 하느님에게 올려다 놓지는 못합니다. 우리의 지적인 노력으로 다다른 '신'을 이르는 단어가 있습니다. 바로 우상입니다. 우상은 합리적이며, 믿을만하고, 상상할 수 있는, 그러나 거짓인 신입니다. 우리가 있는 곳에서는 결코 다다를 수 없는 곳에 계신 하느님을 우리가 아는 '신'으로 대체한 것, 그것이 바로 우상입니다.

모든 종교는 유한한 피조물이 무한자를 향해 올라가거나 혹은 깊이 파고드는 데 도움을 줍니다. 그러나 오직 그리스도교만 무한자가 이 땅에 내려와 우리의 유한성을 취했다고 주장합니다. 이것이 성육신입니다. 우리는 더는 하느님을 향해 오르려 애쓸 필요가 없습니다. 예수 그리스도 안에서, 그를 통해 하느님이 우리에게 내려오십니다. 이 책은 이 기쁜 소식에 관한 것입니다. 이때 '올라가고', '내려온다'는 표현은 일종의 은유입니다. 우리가 하느님에게 다가갈 수 없는 것은 (전통적으로 우리가 품어온 생각대로) 하느님은 저 높은 하늘에서 통치하시고 우리는 이 오물과 진창이 있는 땅에 살고 있기 때문만은 아닙니다. 우리는 하느님을 볼 수 없을 뿐 아니라, 우리의 이성으로도 파악할 수 없습니다. 우리의 힘으로 하느님을 향해 오를 수 없습니다. 그렇기에 성육신은 우리의 직관을 거스르는 사건입니다. 미국인 열 명 중 아홉 명은 우리가 하느님을 만날 수 없다고 믿습니다. 하지만, 하느님은 사랑으로 우리에게 다가오시기로 하셨습니다. 그분은 자신을 낮추서서 우리와 함께하는 하느님이 되기로 하셨습니다.

생각할 수 없는 것을 생각하기

십계명은 그 첫 계명에서부터 우리에게 하느님의 형상을 만들지 말라고 명합니다. 요즘의 흔한 '영성' 담론과는 반대되는 명령입니다. 우리는 우리의 필요에 꼭 맞는 신을 만들려는 오랜 경향에서 여전히 자유롭지 못합니다. 마치 참되시며 살아계신 하느님이 예수 그리스도 안에서 이렇게 말씀하고 계신 듯합니다. "인생들아, 나를 본 따 만든 참된 형상을 원하느냐? 내가 정말 누구인지, 뭘 하고 있는지 그 비밀을 알고 싶으냐? 그러려고 내 형상을 만들지 않아도 된다. 내가 나의 참된 형상을 줄 테니. 그 형상은 바로 예수 그리스도란다." 예수 그리스도는 "보이지 않는 하느님의 형상"(골로 1:15)이며 "하느님의 영광을 드러내는 찬란한 빛이시요, 하느님의 본질을 그대로 간직하신 분"(히브 1:3)입니다.

'성육신'('인카네이션'Incarnation은 라틴어에서 유래한 말로 "육체 안에"라는 뜻입니다)은 예수 그리스도가 신성과 인성을 모두 지닌 분이라는 그리스도교의 믿음에서 비롯된 일련의 관념 입니다. 성육신은 "하느님이 그리스도 안에서 자신을 온전 히, 충만하게 드러내셨다"는 신비에 대한 묵상과 성찰의 산 물이자 그 절정입니다. 그리스도교는 예수 그리스도가 하느 님에 관해 이야기한 분일 뿐 아니라, 하느님을 대신해 말씀 하신 분, 하느님으로서 행동하신 분, 더 나아가 하느님이라 고 고백합니다. 일반적으로 신약성서에서는 하느님이 곧 그 리스도였다고 말하기보다는 "하느님이 그리스도 안에 계셨 다"(2고린 5:19)고 말합니다. 혹은 영원한 "말씀이 육신이 되셨 다"(요한 1:14)고 하기도 합니다. 이런 표현들이 신약성서에서 더 전형적으로 볼 수 있는 진술입니다.

보이지 않는 하느님의 보이는 형상이라고는 해도 그리스 도가 분명하고 또 자명하게 하느님으로 보였던 것은 아닙니 다. 예수를 맞닥뜨린 이들 중 상당수는 "저 나자렛에서 온 유 대인이 하느님이시다!"라고 말하기보다 "하느님이 저런 모 습일 리가 없다"고 말했습니다. 조심해야 합니다. 현대인인 우리는 우리가 무엇에 관해서든 선명히 사고할 수 있는 능력이 있다고 (잘못) 확신하는 경향이 있습니다. 우리는 선천적으로 우리가 필요한 것을 식별할 능력이 있다고 여깁니다. 그래서 우리의 선택에 진실하기만 하면 되고, 분명하게 원하는 것을 생각해 선택하기만 하면 된다고 생각합니다. 그렇기에 우리에게는 하느님이 자신을 선물로 주신다는, 그분이 이 땅에 오셨다는 의미를 헤아릴 능력이 없다는, 우리에게 선천적으로 그러한 능력이 결여되어 있다는 이야기가 무척 불편하게 들립니다. 이는 주체를 강조하는 우리의 감수성에 상처를 입힙니다. 하지만 하느님 자신을 드러낼 수 있는 분은 오직 하느님입니다. 그렇지 않으면 우리는 그분을 알 수 없습니다. 그렇다면 왜 그분은 예수 그리스도의 신성을 좀 더 분명하게 드러내시지 않은 것일까요?

우선 짚고 가야 할 사실이 있습니다. 하느님은 하느님이십니다. 우리는 하느님이 아닙니다. 구약성서는 언젠가는 죽어야만 하는 유한한 존재가 하느님을 보는 것은 맨눈으로 태양을 보는 일처럼 고통스럽고, 두려우며 파괴적인 일이라고 가르쳐 줍니다. 또한, 그분의 실재는 우리의 기대와 어긋난다는 문제가 있습니다. 우리에게는 특정한 기대가 있는 듯합니다. 예배를 받기에 합당하신 하느님은 어떤 모습이어야 하고, 어떻게 행동하셔야 하는지를 나름대로 기대하는 것입니다. 하지만 예수는 처음부터 우리가 하느님에 대해 갖고 있는 기대에 합치하지 않았습니다.

언젠가 덴마크의 그리스도교 철학자 쇠얀 키에르케고어 *Søren Kierkegaard*는 하느님이 집도 절도 없이 떠도는 랍비가 아닌, "매우 희귀하고도 엄청나게 거대한 초록 새"로 오셨다면 오히려 우리의 지적 욕구가 충족되었을 것이라고 말한 바 있습니다. 하지만 하느님은 인간으로 나타나서서 우리에게 놀람과 충격을 선사하셨습니다. 미심쩍게도 옆집에 사는 짜증 나는 남자처럼 지극히 평범한 모습으로 우리에게 다가오신 것입니다. 그분은 틀림없는 인간의 모습으로 오셔서, 배고프시고 목마르시고 기뻐하시고 고통당하시고 분노하시고 눈물을 흘리시다 누구나 그러하듯 끝내 죽음을 맞이하셨습니다.

하지만 예수가 죽고 얼마 지나지 않아 실의에 빠졌던 추종자들은 "우리가 예수를 마주했을 때, 우리는 하느님을 마주한 것"이라고 용감하게 외치고 다니기 시작했습니다. 나자렛 출신의 이 유대인이 우리가 보기를 고대하던 참되고 살아계신 하느님이었다고 말입니다. 그들 중 누구도 "예수는 우리 기억 속에 살아 계십니다"라거나 "우리는 뜻깊은 종교적 경험을 했습니다. 당신들도 그런 체험을 하게 해주고 싶습니다"라고 말하지 않았습니다. 그들은 이렇게 말했습니다. "나자렛 예수는 그리스도이며 아버지의 영원한 말씀이시고 하느님의 독생자이십니다."

고대 근동 사람 중 열에 아홉은 이들의 말에 충격을 받았을 것입니다. 그들은 하느님의 제1 속성은 제한이 없는 힘과 누구도 부인할 수 없는 영광이라 여겼으니까요. 십자가에 달린 랍비에게는 아무런 힘도, 영광도 없어 보였습니다. 하지만 어떤 이들은 성령이 열어주신 마음으로 그들이 이전에 생각했던 것 이상의 무언가를 보기 시작했습니다. 변치 않는, 오래 참는 사랑이 이스라엘 하느님의 주된 속성이었음을 깨닫게 된 것입니다. 그렇게 보면 예수가 하느님의 아들이라는 것도 말이 되었습니다. 우리가 정의한 권력과 영광만이 하느님의 속성이 아니라면, 오히려 그분의 영광이란 고난이며 그분의 힘이란 우리를 구원하는 사랑이라면 하느님이 우리 중에 낮은 자로, 섬기는 종으로 오셔서 우리를 가르치시고, 용서하시고, 고통당하시고, 죽으시고 마침내 우리를 당신에게로 가까이 데려가시려 죽음에서 부활하셨다는 것이 이치에 맞았습니다.

그분의 고통이 바로 그분의 전능을 가장 잘 드러낸다는 것, 삶을 보나, 하는 행동을 보나, 감사할 줄 모르고 비열하며 부정한 죄인인 우리를 위해, 거룩함이나 정의와 가장 멀리 있는 듯한 우리를 위해 죽음을 맞이한 사건이 곧 그분의 전능을 드러낸다는 것은 얼마나 아이러니한 일입니까.

가장 기이한 이야기

성서는 이 '하느님이 종이 되신 진리'를 아는 유일한 방법입니다. 성서는 가까이에서 예수를 대했던 이들이 들려주는 고대의 이야기입니다. 하느님에 대한 온전한 진리를 알고자 하면 우리는 이 고대의 이야기에 복종해야만 합니다. 복음서는 때로 한 인물에 대한 전기처럼 보이지만 전기 그 이상이기도 합니다. 역사를 서술하는 듯한 면모가 있지만, 역사 그 이상을 이야기하고 있습니다. 특정 시간, 특정 공간에서 일어났던 사건들에 관해 이야기하고 있음이 분명하지만, 그 사건들은 너무나 기이해 보입니다. 복음서가 고대 문헌이어서 낯설고 이상해 보인다고 생각할 수도 있습니다. 하지만 아닙니다. 복음서 저자들은 실제로 일어난 사건을 전달하려 노력하고 있습니다. 그럼에도 그 이야기가 기이해 보이는 것은 애초에 이야기를 통해 전달하려는 사건, 하느님께서 예수 그리스도를 통해, 예수 그리스도 안에서 우리에게 가까이 다가오신 사건이 우리의 일상적인 사고방식에 도전하기 때문입니다. 복음서 이야기는 그 당시의 사람들에게도 낯선 이야기였습니다.

"루가 씨, 당신이 예수 그리스도에 대해 아는 진실을 이야기해주세요." 이 요구에 루가는 한 젊은 여성이 혼인하지 않은 상태에서 아이를 잉태한 이야기를 들려줍니다. 마구간에서 그 아이를 출산한 이야기, 하늘에 천사들의 선포가 울려 퍼지고, 그리고… 뭐 다들 잘 아시는 그 성탄 이야기지요. 루가가 좀 더 우리가 받아들일 만한, 적절한 이야기를 해줄 수도 있었을 것입니다. 그리스도의 탄생 사건에 담긴 진리를 다른 식으로 이야기해 줄 수도 있었겠지요. 실제로 마태오, 마르코, 요한은 루가와는 사뭇 다른 방식으로 예수 그리스도의 출현에 대해 이야기하고 있습니다. 이는 복음서 기자들이 진실에 혼란을 주려 한 것이 아닙니다. 그 진실이 애초에 역사적이면서도 초월적인 것이기 때문입니다. 진리는 그 둘을 모두 담고 있어야 합니다. 복음서들은 단순한 '사실'이 아닌 그 이상을 담고 있습니다.

예수에 관한 최초의 이야기들이 허구라는 뜻이 아닙니다. 복음서는 원시적인 형태의 소설이 아닙니다. 복음서는 실제로 일어난 사건들을 전하고자 했던 현실적인 시도의 산물들입니다. 이 사건들을 목격한 이들은 그 사건들로 인해 자기 자신, 세계, 하느님에 대한 기존의 감각이 무너졌음을, 그리고 재조정 되었음을 깨달았습니다. 복음서 기자들은 그들이 보고 들은 바를 충실히 전하려 했으나 이는 그들의 능력을 넘어서는 일이었습니다.

기원후 396년 설교에서 아우구스티누스Augustine는 "이 엄청난 기적을 사실이 아닌 허구로 여기는", 불신하는 세계를 조소합니다.

> (성육신 사건을 믿지 못하는) 이들은 이를 믿지 못하기 때문에 인간을 멸시합니다. 그리고 하느님을 깔보지 못하면서도 하느님을 믿지는 않습니다.

아우구스티누스는 계속해서 열변을 토합니다.

> 구유에 누운 채 세계를 품은 분, 그분은 말문이 막힌 아기임과 동시에 말씀이셨습니다. 하늘도 다 담을 수 없는 그분이 한 여인의 품에 안겨 젖을 먹습니다. 그 여인이 우리의 통치자이신 그분을 다스렸습니다.

기이한 경이는 기이한 말을 낳습니다.

성서는 예수에 관한 진실 곧 그가 하느님에 관한 진리를 드러냈다는 진실을 우리에게 전해줍니다. 예수가 "길이고 진리이고 생명"(요한 14:6)이라고 누군가가 믿게 된다면, 우리처럼 한계가 있는 피조물이 그처럼 기이한 말을 믿고 이해할 수 있다면, 더구나 그에게 우리의 삶을 걸게 된다면 그 또한 우리 가운데 계신 하느님이 행하신 기적일 것입니다. 이는 우리 삶에 주시는 하느님의 은총이며 그렇게 우리는 예수를 믿음으로써 성육신이라는 진리에 대한 살아있는 증언이 됩니다. 이러한 맥락에서 신학자 칼 바르트Karl Barth는 우리가 이 기이하고 경이로운 탄생 이야기를 믿게 되었다면 그 믿음 역시 기적적인 탄생만큼이나 기적에 가까운 선물이라고 이야기한 바 있습니다.[1]

신약성서 기자들은 우리와 무관한 일련의 사실을 객관적으로 묘사하려 하지 않았습니다. 그들은 자신들이 보고 들은 사건의 중요성을 숙고하며 예수 그리스도에 관한 진실이 이 이야기를 접하는 이들을 위한 진리이기도 하다는 것을 설득하려 했습니다. 요한은 우리의 이야기가 예수의 이야기에 참여하기를, 우리의 작은 이야기가 하느님의 커다란 이야기의

---

1 Karl Barth, *Credo* (New York: Scribner's, 1962), 68. 『칼 바르트 사도신경 해설』(CH북스)

일부가 되기를 바랐습니다.

> 이 책을 쓴 목적은 다만 사람들이 예수는 그리스도이시며
> 하느님의 아들이심을 믿고 또 그렇게 믿어서 주님의 이름으
> 로 생명을 얻게 하려는 것이다. (요한 20:31)

현자에게 별이 나타나 예수의 탄생을 알린 이야기, 혹은 천
사가 목자들에게 나타난 이야기는 각각 루가 복음서와 마태
오 복음서에만 등장합니다. 세상을 뒤흔드는 사건이 일어났
으니 상상에나 나올 법한 온갖 공상이며 전설 같은 이야기가
뒤따르는 것도 당연합니다. 이 탄생 이야기들은 아마도 묘사
하기 매우 어려운 사건을 은유라는 방식으로 전달한 것일 테
지요. 하지만 어떤 기이한 사건을 은유로 말해야 했다고 해
서 이를 실재를 왜곡한 것이라 단정해서는 안 됩니다. 이 은
유들은 압도적인 현실을 강조하는 데 그 목적이 있습니다.
성육신 신앙은 인간의 유비를 활용해 하느님을 생각해 보는
것을 허용합니다.

　잠시, 제 딸 해리엇이 태어난 날 이야기를 해보겠습니다.
그날 아내 팻시는 불현듯 병실 안으로 햇살이 넘실대며 들
어오더니 고양이 스티븐이 기묘한 소리로 "아침이 밝았어

요"라고 우는 것을 똑똑히 들었다고 말했습니다. 그녀는 이를 출산이라는 지극히 인간적인 행위와 새로운 생명이라는 경이롭고도 과분한 선물을 받아들이는 신성한 행위가 만나는 순간을 알리는 기이한 신호로 받아들였습니다. 어쩌면 그녀의 은유는 이 사건의 참된 의미를 향해 열린 창문 같은 것입니다.

분명, 제 딸의 탄생은 특정 시간, 특정 공간에서 실제로 일어난 사건이었습니다. 하지만 이 일에는 실제로 일어난 사건 이상의 의미, 그 자리에 동석한 산부인과 의사가 온당하게 서술한 진료 기록 이상의 의미가 있습니다. 팻시의 이야기는 이 지점을 드러냅니다. 별, 동방박사, 목자, 천사들의 노래가 나오는 이야기 역시 팻시의 경험과 유사한 무언가를 가리키고 있는 것 아닐까요. 복음서는 신앙을 선포하는 책입니다. 이 책은 역사에 뿌리를 두고 있지만, 그저 단순한 역사적 사건 그 이상의 무언가를 전달하려 했다는 것 또한 분명합니다.

가까이 다가오시는 하느님

존 스퐁John Spong이나 마커스 보그Marcus Borg와 같은 이른바 진보 그리스도교인progressive Christian들은 부활이나 동정녀 탄생이 역사에서 실제로 일어난 사건이 아니라고 이야기합니다. 초자연적인 사건이 일어날 가능성을 무시하는 것이지요. 하지만 하느님이 무로부터 세상을 창조하실 수 있음을 받아들인다면, 하느님이 성관계가 아닌 방식으로 인간을 창조하실 수도 있음을 받아들일 수 있습니다. 동정녀 탄생을 믿는다는 것은 생물학적으로 그것이 가능한지를 따지는 것이 아닙니다. 중요한 것은 하느님의 아들, 우리와 함께하시는 말씀이신 그분이 참 하느님이자 참 인간으로 우리에게 오셨음을 믿는 것입니다. 그리고 이 믿음은 동정녀 탄생에 대한 믿음과 이어져 있습니다.

하느님께서 우리에게 다가오신다는 것만으로도 예상치 못한 행보이며 우리에게는 과분한 일입니다. 그런데 그렇게 다가오신 하느님이 너무도 평범한 인간 가족의 일원이 되셨다는 것은 경악스러운 일입니다. 교회는 그 거룩함과 평범함 모두에 놀라곤 했습니다.

교회는 모든 영광의 주이신 그리스도께서 저와 여러분처럼 "여자의 몸에서 나"(갈라 4:4) 셨고, 니케아 신경의 표현을 빌리면 "성령으로 동정녀 마리아에게서 육신을 취하"셨다고 고백합니다. 그리스도께서 하늘에서 구름을 타고 내려오셨다면 이 이야기는 무척 달라졌을 것입니다. 하지만 이야기는 그렇게 진행되지 않았습니다. 예수에게는 우리와 같은 인간 어머니가 있었습니다. 그는 인간의 유전자를 지녔고, 인류 진화의 흔적을 몸에 새겼습니다. 그는 카이사르 아우구스투스Augustus가 세계를 철권통치하던 시절 특정 민족으로, 갈릴리 작은 시골 마을 주민으로 태어났습니다. 히브리인들에게 보낸 편지에 따르면 우리를 구원하시기 위해 그리스도께서는 인간의 조건을 모두 온전히 공유하셔야 했습니다.

> 이 자녀들은 피와 살을 가진 사람들이기에, 그도 역시 피와 살을 가지셨습니다. 그것은, 그가 죽음을 겪으시고서, 죽음의 세력을 쥐고 있는 자 곧 악마를 멸하시고, 또 일생 동안 죽음의 공포 때문에 종 노릇하는 사람들을 해방시키시기 위함이었습니다. ... 그러므로 그는 모든 점에서 형제자매들과 같아지셔야만 했습니다. 그것은, 그가 하느님 앞에서 자비롭고 성실한 대제사장이 되심으로써, 백성의 죄를 대신 갚으시기 위한 것입니다. 그는 몸소 시험을 받아서 고난을 당하셨으므로, 시험을 받는 사람들을 도우실 수 있습니다. (히브 2:14~18)

놀랍게도 우리를 창조하신 분이 우리 중 하나가 되신 것입니다.

모르몬교의 창시자 조셉 스미스Joseph Smith는 하느님도 한 때는 지금의 우리와 같은 분이셨기에 우리도 모르몬경의 도움을 받으면 하느님이 될 수 있다고 가르쳤습니다. 하느님과 우리 사이에는 근본적인 연속성이 있고 모르몬경의 가르침을 따르면 그 연결고리를 다시 이을 수 있다고 그는 말했지요. 정통 그리스도교의 관점에서 모르몬교는 1세기 영지주의와 유사해 보입니다. 영지주의는 비밀스러운 지혜, 소수를 통해서만 전해지는 지혜, 소수의 깨달은 영혼만이 얻을수 있는 지혜를 표방했습니다. 이들에 따르면 우리는 신성한불꽃을 품고 태어납니다. 우리는 우리 안에 있는 신성을 함양하고, 이에 관한 특별하고 비밀스러운 앎(그리스어로 '그노시스'gnosis는 앎을 뜻합니다)을 심음으로써 본래 우리의 거룩한 상태에 이를 수 있다고 영지주의, 모르몬교는 말합니다. 그렇기에 모르몬교는 예수를 하느님에 대한 특별한 앎을 지녔고그 앎을 드러낸 사람으로 보려는 경향이 있습니다. 이와 달리 정통 그리스도교에서는 예수 그리스도를 하느님과 우리를 화해시키는 분으로 봅니다.

그리스도교 신앙에서는 우리가 영적 지식이나 철학적 통찰을 얻음으로써 하느님과 소원해진 관계가 극복된다고 보지 않습니다. 우리와 하느님 사이의 문제를 풀 수 있는 길은 오직 하느님, 하느님의 활동입니다. 그리스도교가 언제나 '무로부터의 창조'를 주창하는 이유도 이 때문입니다. 하느님은 이 세계, 혹은 피조물에 의존하시지 않습니다. 하느님께 의존하고 있는 것이 세계, 피조물입니다. 하느님은 시간에 묶이지 않으십니다. 하느님은 물질도 아니십니다. 시간에 묶여 있는, 물질인 존재는 우리지요.

하지만 성육신하신 하느님은 나지안주스의 그레고리우스Gregory of Nazianzus가 말했듯 "그분으로 남아 계시면서도 그분이 아닌 것을 취하셨습니다". 하느님은 자신의 신성을 축소하지 않고도 인간이 되셨습니다. 그분의 신성은 온전히 우리의 인간성을 끌어안으셨습니다. 그렇기에 하느님과 우리 사이에 이루어진 화해는 (모르몬교 신학에서 말하는 것과 달리) 우리가 한 일, 우리가 상승한 결과가 아니라 하느님이 하신 일, 또 예수 그리스도 안에서 하느님이 행하고 계신 일, 은총 가득한 그분의 내려오심의 결과입니다.

초기 교회부터, 오래된 신경부터 그리스도교는 계속 예수의 탄생이 기적이라고 고백했습니다. 이 고백은 지적 논쟁을 불러일으키기 위한 것이기보다 "예배와 경배로의 부름"에 가깝습니다. 이러한 맥락에서 칼 바르트는 '동정녀 탄생'

을 고백하기를 거부하는 것은 편협한 사고, 하느님을 아득히 먼 곳에 두고 싶은 혹은 너무 가까운 곳에 두고 싶은 욕망에서 기인한 최후의 시도라고 말했습니다.

참 하느님, 참 인간

신화적 세계관에 바탕을 둔 시대에 기록된 고대 문헌(성서)에 전적으로 의존해서 "하느님이 우리와 함께하신다"고 주장하는 것은 적절하지 않다고 여기는 분도 계실 것입니다. 그러나 고대의 사람들이 그처럼 터무니없는 이야기를 쉽게 믿었으리라 생각해서는 안 됩니다. 그때 그들의 상황도 우리와 크게 다르지 않았습니다. 키에르케고어는 예수의 실상을 알고자 첩보원을 고용해 일거수일투족을 살펴보게 했을 경우를 상상해 보라고 권합니다. 그들은 어떤 생각을 했을까요? 아마도 첩보원들은 "출신이 변변찮은, 별 볼 일 없는 사람. 그에게 비범한 면이 있다고 믿는 이들이 소수 있음"이라고 보고할 것이라고 키에르케고어는 이야기했습니다.[2]

예수 가장 가까이에 있던 이들에게도 예수의 참된 의미는 감추어져 있었습니다. 그의 어머니도 종종 혼란스러워했습

---

2 Søren Kierkegaard, *Philosophical Fragments* (Princeton, NJ: Princeton University Press, 1985), 67. 『철학의 부스러기』 (프리칭아카데미)

니다. 제자들조차 줄곧 우왕좌왕 어리둥절했습니다. 결국, 그는 아버지에게 버림받아 죽었습니다. 그렇게 보였습니다. 그가 행했던 기적들은 어느 유랑자의 속임수로 일축되는 듯했습니다.

그런 예수가 하느님이라는 고백은 그때 그들에게도, 오늘 우리에게도 거대한 신비입니다. 성육신 교리는 예수 그리스도 안에서 하느님이 인간이 되셨다는 신비를 명확히 사유해 보려는 시도입니다. 마태오는 예수가 "자기 백성을 그들의 죄에서 구원"(마태 1:21)할 것이기에 예수라는 이름을 갖게 되었다고 이야기합니다. 마르코는 예수를 이적을 행했던 사람, 십자가에 달린 낯선 사람으로, 루가는 성령으로 잉태되어 동정녀 마리아에게서 태어난 사람으로 예수를 소개합니다.

구약성서는 논란의 여지 없이 일관되게 이야기했습니다.

하느님은 사람이 아니시다. (민수 23:19)

대다수 사람은 하느님을 영원한, 불멸하는, 눈에 보이지 않는, 무소부재한, 전지한 분으로 이해합니다. 하느님을 인간과 모든 면에서 대비를 이루는 분, 거창한, 천상적인, 추상적인 무언가로 여기는 것입니다. 예수를 만나기 전까지는 그럴 수밖에 없습니다. 예수가 진짜 '인간'이었다는 점에는 이론의 여지가 없습니다. 그는 유대인이었고 대다수 사람처럼 말했고 행동했습니다. 예수에게는 분명 몸이 있었습니다. 흙에 침을 뱉었고 십자가에 매달렸을 때 끔찍한 고통을 느꼈고 피를 흘렸습니다. 종일 길을 걸으면 피로해져 쉬어야 했고 기도해야 했습니다. 그에게도 감정이 있었습니다. 예수는 때로 분노했고, 하느님과 친밀해야 마땅한 이들이 그렇지 못할 때 특히 그랬습니다. 몇 차례 무너져 울기도 했습니다. 모든 면에서, 죄를 제외한 모든 면에서, 예수는 우리의 인간성을 온전히 공유했습니다.

한편 그는 하느님이 아니면 할 수 없는 말을 하고, 하느님만이 할 수 있는 일을 행했습니다. 죄를 용서하고, 기적과 이적을 행하고, 권위 있게 하느님처럼 말했습니다. 그는 너무도 하느님 같고, 하느님과 함께하는 이 같았습니다. 하느님을 '아버지'라고 친근하게 부르는가 하면 예수를 따르는 이들이 일찍부터 그를 '하느님의 아들'이라고 불렀을 정도였습니다. 부활 후 그의 신성은 자명해졌습니다. 적어도 그의 임재를 경험한, 그를 경배하는 이들에게는 그랬습니다. 하지만 우리를 매어둔 수많은 한계에서 자유로워진 후에도, 부활 이후에도, 예수는 여전히 일종의 몸을 갖고 있었습니다. 해변에서 제자들과 아침 식사를 했고, 저녁에는 빵을 떼어 주었으며, 여전히 목소리를 내어 말했습니다.

예수는 몸과 유리된 영혼 같은 무언가가 아니었습니다. 인간의 삶을 살짝 체험하고 하늘로 돌아간 것도 아닙니다. 분명 예수는 현실의 인간들, 세속의 현실에 매여 살아가는 우리의 삶, 지극히 인간적인 것들에 관심을 기울였습니다. 아기를 낳고, 기르고, 공과금을 내고, 다락을 치우는 그런 일들 말입니다. 그는 제자들을 모으고, 배고픈 군중을 먹였습니다. 병든 이들을 고치고, 귀신을 쫓아내고, 평범한 사람들에게 함께 걷자고 초대했습니다. 배고픈 이들에게 주목하고 빵을 주었습니다. 포도주가 떨어지면 포도주를 더 만들어내기도 했습니다. 그렇게 그는 이 현실에서 탈출할 길을 내기보다는 비극적인 인간의 조건으로 온전히 침잠해 들어와 현실을 새롭게 살아가는 방식을 보여주었습니다. 복음서를 읽으면 예수가 걸었던 갈릴리 길거리의 먼지 내음을 맡을 수 있을 정도입니다. 복음서는 "옛날 옛적에, 저 멀리 있는 어느 나라에" 살았던, 한때 이름 꽤 날렸던 모호한 인물에 대해 이야기하지 않습니다. 복음서는 구체적인 시간("카이사르 아우구스투스가 통치하던 때") 실제 장소(베들레헴, 골고다)에 있었던 한 인물에 대해 이야기합니다. 그저 현실을 살아가는 이들이 겪는 실질적인 문제들에 대해 말했을 뿐 아니라 그 현실을 온전히 살아내며 자신의 가르침을 구현했습니다. 그렇게 예수는 자신의 '나라'가 꿈같은 환상이 아니라 지금 여기에서 살아가는 삶에 임하는 것임을 보여주었습니다.

인류가 당면한 근본 문제를 해결하려면 예수는 인간이 되어야만 했고, 이 세계에 임해야만 했습니다. 히브리인들에게 보낸 편지는 예수가 우리와 함께하시는 하느님이어서 그가 우리와 하느님 사이의 문제에 결정적인 역할을 하려면 "모든 점에서 당신의 형제자매들과 같아지셔야만 했다"(히브 2:17)고 이야기합니다. 참 인간인 구원자만이 우리의 인간성을 온전히 구원할 수 있고, 우리 모두를 구할 수 있기 때문입니다. 주일에 교회에 있는 우리, 월요일에 직장에 있는 우리 모두를 말입니다.

하지만 인류가 당면한 근본 문제를 해결하기 위해 예수는 인간 이상의 존재여야 했습니다. 복음서 기자들은 이 기이한 특성, 인간이면서도 인간 이상이었던 예수의 특성을 그려내려 안간힘을 씁니다. 복음서에 나오는 당혹스러운 임신, 불가해한 징조와 기적들은 우리 가운데 있었지만, 우리보다 컸던 그를 묘사하기 위한 시도의 일환입니다.

예수는 청중의 한계를 고려해 자기 자신 혹은 가르침을

조정하기보다는 오히려 자기 자신과 가르침의 낯섦을 증폭시켰습니다. 그는 "예전에 너희는 이런 말을 들었다. … 그러나 나는 너희에게 말한다"(마태 5:38 참조) 같은 표현을 즐겨 썼습니다. 힘 있는 사람, 명망 있는 사람들은 멀리하고 가난한 사람, 가진 것을 빼앗긴 사람들에게 다가갔습니다. 이런 사람이 메시아라니요? 죽어야 생명이 시작된다니, "아이처럼" 되어야 성숙해진다니 그게 무슨 말입니까? 구원을 찾아 헤매는 이들에게 거절당한 구원자, 피가 흐르는 십자가로 통치하는 왕이라니 이런 모순이 어디 있습니까?

그리스도인은 이 모든 낯선 이야기를 진실이라고 믿는 사람입니다. 이 이야기에서 우리의 이야기는 다시 하느님의 이야기가 됩니다. 하느님이 어떻게 우리의 이야기를 다시 쓰셨는지에 관한 참된 설명이 이 이야기에 담겨 있습니다. 하느님이 실제로 누구이신지뿐 아니라, 어떻게 길을 잃은 우리를 찾아오셨는지, 노예 상태에 있던 우리가 어떻게 구원받았는지, 죽음에 지배당하던 우리가 어떻게 회복되었는지, 하느님을 거부하고 하느님에게 반항하던 우리(우리는 특히 이에 능합니다. 그분의 오랜 골칫거리였지요)가 어떻게 이를 멈추게 되는지, 우리의 슬픈 운명, 멸망할 운명이었던 영혼이 구원을 받게 되는지를 복음서는 진실하게 그려냅니다. 복음서는 말합니다. "하느님께서 우리를 위해 우리와 함께하십니다."

그리스도('그리스도'는 '메시아', '기름 부음 받은 이'라는 뜻입니다)이신 예수는 인간 가족의 일원으로 태어났습니다. 그는 잔치에 참석해 사람들과 어울렸습니다. 예수를 향해 너무 '영적'이라거나 너무 '경건'하다고 비난한 사람은 없었습니다. 오히려 저속한 먹보에 술꾼이라는 비웃음이 흔했지요. 그는 갈릴리 지역을 계속 오갔고, 정부와 종교 권력자들과 충돌했고, 친근하면서도 당혹스러운, 간결하면서도 함축적인 비유를 사용해 가르쳤고, 사람들을 놀라게 하고 불가해한 "표적과 기사"를 행하더니 결국에는 고문당하고, 끔찍하리만치 잔인한 형벌(로마에 대항한 반역자들, 말썽꾼들에 내리던 벌)을 받아 죽었습니다. 그리고 그를 따르던 이들은 하릴없이 흩어졌습니다. 하지만 며칠 지나지 않아 예수의 추종자들은 깜짝 놀랄 메시지를 전하기 시작했습니다. 그들은 예수가 죽음에서 살아났고, 그들을 다시 찾아왔으며, 지금 여기서 자신이 하던 활동을 이어가라 명령했다고 선포했습니다. 이는 나자렛 출신 예수라는 인물에 대한 역사적 사실을 거칠게 요약한 것입니다. 하지만 이 날것의 사실들이 전체 이야기를 전해주지는 않습니다.

예수는 통찰력 있는, 도전적인 스승("랍비", 즉 선생은 가장 많은 이가 선호했던 예수의 직함이었습니다)이었을 뿐 아니라 우리와 함께하시는 하느님("임마누엘"은 "하느님이 우리와 함께하신다"는 뜻입니다)이기도 했습니다. 이 점에서 예수는 독특했습니다. 많은 이가 처음부터 이를 알고 있었습니다. 부활 사건이 있고 난 뒤 그리 오래 지나지 않아 바울(그가 쓴 편지는 가장 이른 시기에 나온 신약성서 본문입니다)은 십자가에 달린 그리고 부활한 예수가 우리가 오래도록 기다려온 메시아, 그리스도, 하느님의 충만한 계시라고 칭송했습니다. 예수는 사랑스럽고 지혜로운 선생이었을 뿐 아니라 피조물과 창조주 사이에 있는 균열을 메우는 데 결정적인 일을 한 전능하신 하느님이었으며, 유한자가 되신 무한자, 우리와 함께하시는 하느님, 이 세계를 향한 하느님의 의도와 본성을 드러내는 열쇠였습니다. 예수를 따르는 이들은 하느님께서 예수 안에 "모든 충만함을 머무르게 하시기를 기뻐"(골로 1:14)하신다는 확신, 예수에게서 온전히 하느님과 함께하는 삶, 하느님께 온전히 투명한 삶을 보았다는 확신으로 하나가 되었습니다.

행동하시는 하느님

예수를 통해 하느님의 통치가 이 세계로 침투해 들어옵니다. 예수는 하느님의 통치가 이루어지는 현실을 가시화했을 뿐 아니라, 그 통치를 가능하게 했습니다. 그가 사람들을 고친 것은 다가올 하느님 나라의 징표였을 뿐 아니라 죄인들과 버림받은 이들을 향한, 지금 이곳에 임한 하느님 나라로의 초대이기도 했습니다. 하느님 나라는 어슴푸레한 미래의 가능성이 아니라 오늘 이곳에서 열리는 와자지껄한 잔치가 되었습니다. 그렇기에 하느님 나라에 참여한다는 것은 예수의 길동무가 된다는 뜻이며, 예수가 하느님과 우리에 관해 말한 것이 진리임을 믿는 것이며 예수를 통해 하느님께서 드러낸 삶을 살아가는 것입니다. 당시 사람들에게 이는 디오니소스, 아르테미스, 마르스, 비너스, 프시케나 카이사르 같은 더 유명한 신들을 섬기는 대신에 예수를 섬기는 것을 의미하기도 했습니다.

"예수를 믿는다"는 것은 그저 그의 사상이 좋다고 믿는 것일 뿐 아니라 그의 행동으로 인해 인류 역사에 결정적인 변화가 일어났음을 시인하고 그 변화를 이루어낸 삶으로의 초대를 받아들이는 것이기도 합니다. 하느님께서는 예수가 한 바로 그 일을 하고 계십니다.

하느님은 예수 안에서, 예수를 통해 자신을 드러내실 뿐 아니라 예수를 통해 활동하셨습니다. 그렇기에 최초의 그리스도교 순교자인 스데반은 주저하지 않고 이렇게 기도할 수 있었습니다.

주 예수님, 내 영혼을 받아 주십시오. (사도 7:59)

매일 아침을 아름다운 쉐마("들으라 이스라엘아, 주 너희 하나님은 한 분이시니...") 기도로 시작했던, 열렬히 유일신을 믿던 이들이 예수를 향해, 그를 한 분 하느님으로 보고 규칙적으로 기도하기 시작했습니다. 그렇게 그들은 "바람과 파도도 복종하는 이 사람은 누구인가?" "스스로 죄를 사하실 수 있다고 상정하는 이 사람은 누구인가?"라는 묻던 사람들에게 응답했습니다. 이 사람은 누구입니까? 하느님, 유일하신 한 분 하느님, 이스라엘의 하느님, 우리 힘으로 할 수 없는 일을 우리를 위해 행하시는 바로 그 하느님이십니다.

예수 그리스도가 그저 "인간일 뿐" 하느님이 아니었다면, 통찰력 있고 선량한 영적 스승이 통상할 수 있는 말 이상의 가르침을 주지는 못했을 것입니다. 또 한편 그가 그저 "하느님"일 뿐 인간이 아니었다면 그는 허약하고 유한하고 부서지기 쉬운 인간의 삶과 거의 무관했을 테지요. 하지만 전능하신 하느님이 그리스도 안에서 실로 온전히 인성에 참여하셨다면 어떨까요. 우리는 그 복잡한 연결에 대해 생각해 봐야만 할 겁니다.

예수를 불의한 세력에 의해 십자가에서 죽음을 맞이한 여러 피해자 중 한 사람으로만 간주하는 것은 결과적으로 그리스도의 신성을 피해 도망하는 셈이 됩니다. 이는 사실상 하느님을 저 멀리 천상에, 거룩한 곳에 가두어 두는 것과 다름없습니다. 그 결과 하느님을 믿기란 더 어려워집니다. 그분이 우리 삶에 관심을 기울이신다는 이야기가 와닿지 않을 테니까요.

그렇기에 그리스도의 신성을 놓치면 역설적으로 인간성에 대한 믿음도 잃게 됩니다. 인간이 하느님의 형상으로 창조되었다는 믿음도 인간성을 충분히 긍정하지만, 우리의 모든 죄에도 불구하고 하느님께서 인간이 되셨다는, 하느님께서 인성과 신성의 결합을 보존하셨다는 믿음은 더욱 인간성을 축복하는 것이기 때문입니다.

하느님은 그리스도를 통해 우리를 만나주셨습니다. 그리스도교 신학은 이 복잡성, 이 기이한 결합을 믿는 신앙을 지키려는 오랜 분투라 할 수 있습니다. 헤겔G.W.F.Hegel도 그러한 분투의 연장선에 있습니다. 그는 근대 세계의 지적 도전에 맞서 그리스도교 신앙을 위해 분투하고 고심했던 철학자였습니다. 헤겔에 따르면 그리스도교는 참되되 예술 작품이 참된 것과 상당히 유사한 식으로 참됩니다. 그림이 가리키는 실재는 이를 묘사하려 분투한 그림 이상이듯 그리스도교 신학이 가리키는 실재는 신학을 넘어선다는 이야기지요.

헤겔에 따르면 예수의 탄생 이야기는 역사적으로 정확한 보고는 아닙니다. 하지만 그 이야기는 하느님의 생명이 우리의 시공간에 펼쳐지는 모습을 그린 그림과 같고, 그런 뜻에서 그 이야기는 참됩니다(초기 단계의 정thesis, 그에 도전하는 반antithesis, 더 나은, 더 고양된 합synthesis으로 나아가는 그림입니다). 그에 따르면 유대교는 하느님을 동방의 군주(지배자)로, 우리와 동떨어진 두려운 분으로 그렸습니다. 이것이 첫 번째 단계(정)입니다. 다음 단계에서는 하느님이 구체적인 한 사람 즉 예수로 나타나 기존의 하느님 관념에 훼방을 놓았습니다(반). 그리하여 우리는 마지막 단계, 즉 '정신의 종교'로 나아갑니다. 하느님이 모두에게 스며들고, 우리는 이 역사를 이해하게 됩니다. 역사는 이 세계를 위한 하느님의 자애로운 뜻이 작동하고 점차 펼쳐지는 과정입니다(합). 이러한 맥락에서 헤겔은 예수가 유대인이었다는 사실, 그가 행한 기적, 혹은 (헤겔과 같은 현대 사상가들에 따르면) 원시적인 믿음의 장애물들에 매이지 않아야 한다고 이야기합니다. 그리스도교 신학은 더욱 깊은, 계속 진전하는 영적 실재를 그린 그림 같은 것이니 말입니다.

19세기에 참된 "역사적 예수"를 복구하려는 시도가 있었습니다. 헤겔은 이 역사 연구의 시시한 결과물에 대항해 그런 방식으로 예수의 생애, 예수의 활동에서 역사적(인간적)인 사실을 개략적으로 그려내는 것이 중요한 게 아니라고 보았습니다. 그리고 예수와 관련해 정말 중요한 점은 그를 통해 미래에 더 웅장하고, 심대한, 그리고 신성한 정신, 영의 시대가 펼쳐진다는 것이라고 이야기했지요.

헤겔의 종교 철학은 후에 '범재신론'panentheism, 혹은 그 미국판인 '과정신학'process theology으로 이어지게 됩니다. '범재신론' 이전에는 '범신론'pantheism이 있습니다. 범신론에 따르면 이 세계에 있는 모든 것이 신성합니다. 모든 것이 하느님 '안에' 있고, 모든 것에서 하느님을 찾을 수 있다고 이야기한다는 점에서 범재신론은 범신론보다 한결 정교합니다. 범신론에서 하느님은 더는 하느님이 창조하신 세계와 구별되는 창조주가 아니지요. 이때 하느님은 이미 온 세계에 스며들어 있습니다. 하지만 범재신론이든 범신론이든 하느님은 너저분한 시공간 너머에 있는 일종의 관념입니다. 이들에게는 하느님이 구체적인 역사 안으로 들어오신다는 것은 그리 중요하지 않습니다.

헤겔의 범재신론의 기초적인 내용을 설명해 보려 애쓰기는 했습니다만, 이전에 헤겔에 관해 들어봤던 기억, 무슨 소리인지 알아듣기 힘들었던 기억만 떠올리게 해 드리지 않았나 싶군요. 오늘날 유행하는 '창조 영성'Creation Spirituality이나 '뉴에이지 영성'New Age Spirituality이라 불리는 것들의 상당수는 새로운 옷을 입은 범재신론이라고 할 수 있습니다. 헤겔주의자들은 언제나 세속적인 문제들, 너저분한 개별적인 일들에 의지하지 않고도 하느님에 대해, 영의 문제에 대해 이야기하는 법을 고심했습니다. 이러한 생각의 흐름 속에서 종교는 죽음, 퇴락과는 거리가 멀어졌으며 모호하고 진부한 견해가 되었습니다(정확히는 퇴보했습니다). 키에르케고어는 이러한 헤겔주의적 사고에 일침을 가했습니다. 그는 헤겔의 말마따나 역사가 영이 펼쳐지는 과정, 모호하고도 신비로운 일련의 철학적 관념들로 상승하는 것이라면 하느님이 교육도 제대로 못 받은 유대인 소농으로 태어나시기보다는 독일 철학자로 태어나시는 게 더 낫지 않았겠냐고 묻습니다.

헤겔주의자들에게 맞서 키에르케고어는 그리스도교가 어떤 거창한 철학적 관념이 아닌, 피가 흐르는 십자가와 역사적 사실에 근간을 두고 있다고 이야기했습니다. 그리스도의 십자가는 우리가 끝내 넘어서야 할 원시적 단계(유대교)

도 아니고, 전제 군주제 아래서 흔히 발생하곤 했던 오심^{誤審} 사례 중 하나도 아닙니다. 십자가는 하느님이 정하신 정상 summit이며 그분 외에는 누구도 오를 수 없는 왕좌이고 이스라엘 하느님께서 자신의 마음 가장 깊은 곳에서 전하는 가장 깊은 진리가 울려 퍼지는 곳입니다. 그 십자가에서 우리는 우리가 언제나 보기를 바랐던 그 하느님을 만납니다. 예수는 그때까지 인류가 염원해온 최상의 스승, 통찰력 있는 최선의 스승 이상의 존재입니다.

그리스도인들은 예수를 통해 하느님께서 자기 자신을 폭로하셨다고, 그렇기에 그가 하느님이라고, '우리와 함께하시는 하느님'의 결정판, 최종판이라고 고백합니다. 성육신은 하느님에 대한 고상한 관념이기보다 가장 낮은 곳으로 내려오신 하느님에 대한 고백입니다.

이 계시는 베일에 싸인 비밀이 아닙니다. 아직 아무도 발견하지 못한 성스러운 문서들이 있는 것도 아닙니다. 예수 그리스도를 통해 하느님께서 은총으로 우리에게 드러내신 것 외에 우리가 발견해야 할 것은 없습니다.

물론 그리스도에 관한 앎(그의 삶, 모습에 관한 인간적인 지식, 사실)은 이만하면 되었다는 뜻은 아닙니다. 하지만 부활 후에야 우리는 참 인간이자 참 하느님이신 그리스도를 "압니다."

이런 앎은 통상 우리가 지식을 얻은 길보다 한결 위험천만한 길을 통해 옵니다. 오직 신앙만이 "하느님께서 … 그리스도를 내세워 인간과 화해하셨습니다"(2고린 5:19)라는 선언, 온 교회가 모든 시대를 관통하며 선언해온 이 고백으로 우리를 이끌 수 있습니다. 그렇다면 신앙은 무엇입니까? 예수 그리스도 안에서 자신을 폭로하신 하느님의 실재와 본성을 맞닥트리고, 그것에 복종할 때 우리의 이성에 일어나는 일이 신앙입니다. 하느님을 신실하게 추구하는 이들에게 기쁜 소식이 하나 있습니다. 그것은 바로 하느님이 가차 없으리만치 적나라하게 자신을 드러내신다는 것입니다. 성육신이 이를 입증합니다.

하느님은 우리의 욕망보다 크시다

우리를 포함해 대다수 사람에게 신, 혹은 하느님이라는 말은 대게 서구 현대 문화가 고안해 낸 일련의 생각들, 대표적으로는 도덕주의적, 치료적 이신론Moralistic, Therapeutic Deism*에 바탕을 두고 있습니다. 종교는 도덕으로 흐르는 경향이

---

* 사회학자 크리스천 스미스Christian Smith가 멜리나 런퀴스트 덴턴Melina Lundquist Denton과 함께 쓴 저작 『영혼 탐색』Soul Searching: The Religious and Spiritual Lives of American Teenagers(2005)에서 처음으로 등장한 용어로 미국의 청소년들 사이에 공통된 믿음을 설명하는 데 쓰였다.

있습니다. 이 종교에서 모든 문제는 도덕, 혹은 윤리의 문제로 축소되고, 복음은 하느님이 우리를 특정한 도덕을 따르게 하는 일로 변형됩니다. 이때 하느님은 일차적으로 유용해야 합니다. 많은 사람은 하느님이 응당 우리가 삶에서 만나는 다양한 과제들을 해결하는 데 도움이 되어야 한다고 여깁니다. 우리는 공리주의적이고 실용주의적인 시대를 살아갑니다. 이 시대의 진리를 판가름하는 기준은 "그게 나에게 무슨 소용이 있는가?"입니다. 많은 비신앙인은 이런 이유로 우리가 전하는 '하느님'을 거절합니다. 그 하느님이 자신을 위해 고안해 낸 개인비서와 다를 게 없어 보이기 때문입니다. 오늘날 우리는 그 종교가 참이기 때문이 아니라, 그 종교가 '유익'하다는 이유로 그것을 칭찬하는 지경에 이르렀습니다.

세속 문화에서 수용 가능한 '하느님 아닌 하느님'은 도덕적인 신, 우리를 치유해주는 신일 뿐 아니라 이신론적deistic인 신이기도 합니다. 이신론Deism은 존 웨슬리John Wesley의 시대에 크게 유행했습니다. 웨슬리는 신학자 중에도 가장 점잖은 편에 속했지만, 이신론자들의 신, 그들이 말하는 '하느님이라고는 할 수 없는 신', 생기 없이 축 늘어진 신을 경멸했습니다.

오늘날 세계의 바탕이 되는 사상이 성서의 하느님, 무언가를 요구하고 주권자이며, 부적절해 보이는 시점에 이 세계로 침범해 들어오는 성육신의 하느님을 이해하지 못한다면 어떻게 해야 할까요? 어떤 이들은 비교적 우리의 이성으로 설명 가능한 하느님의 면모, 즉 창조주로서의 면모를 강조했습니다. 미국 건국의 아버지인 조지 워싱턴George Washington과 토머스 제퍼슨Thomas Jefferson이 그 대표적인 예입니다(그들이 이신론자라는 것은 널리 알려진 사실입니다).

국민에게 주권이 있는 새로운 민주주의 국가를 건설하려는 시점에 그들이 보기에는 이 세계를 창조하신 다음 은퇴한 신이 훨씬 적절했습니다. 그는 우리가 다룰 수 있는 '신'이기 때문입니다. 탁월한 노예 소유주이기도 했던 토머스 제퍼슨에게 "모두를" 당신의 자녀로 구원하기 위해 육신으로 오신 하느님, 우리의 모든 행동을 심판하실 성육신의 하느님을 받아들이기란 매우 어렵고 두려운 일이었겠지요.

그보다는 우리를 보살피고 계실 것으로 추정되기는 하지만 저 먼 곳에 있는, 지극히 소극적인, 영적인, 모호한 신이 '우리'를 중심으로 세계를 조직해보고자 하는 이들에게는 훨씬 더 적절한 신이었습니다. 참되고 살아계신 하느님보다는 우리가 고안해 낸 허구의 신(이를 그리스도교에서는 우상이라 하지요)과 잘 지내기가 쉽습니다. 언제나 그렇습니다. 참된 하느님은 우리의 상상으로 만들어낸 신을 훌쩍 넘어서는 분이기 때문입니다. 성육신 교리는 너무도 기이해 우리 힘으로 만들어낸 생각이라고 보기 어렵습니다.

어느 날 우연히 학생들의 대화를 들은 적이 있습니다. 한 학생이 말했습니다. "글쎄, 너는 로마 가톨릭 신자고, 나는 침례교인이니까. 가톨릭이든 침례교든 너에게 좋은 걸 믿으면 되는 거 아니겠어?" 그러나 가톨릭 신자인 친구가 답했습니다. "너는 가톨릭에 대해서 잘 모르는구나. 가톨릭은 '나'를 지지해주지 않아. 오히려 나를 설득하지, 나를 위해주지는 않아. 그래서 때로는 가톨릭 신자로 사는 게 힘들어." 저는 이 마지막 답변에 깜짝 놀랐습니다.

사실 그렇습니다. 그리스도교에서는 성육신과 같은 복잡한 신학적 개념들이 우리에게 도움이 된다고 이야기하지 않습니다. 그리스도교에서는 그저 그 개념이 참되다고 이야기할 뿐입니다. 그러니 조심하십시오. 성육신을 탐구하고 이 책을 읽고 숙고하다 모든 신 중에 가장 무거운 요구를 하시는 하느님께 설득을 당하게 될지도 모르니까요.

제가 아는 한 목사 이야기를 해보겠습니다. 그는 앨라배마의 혹독한 반-이민자 법에 반대해 주 정부와 입법부를 상대로 매우 열정적인 저항운동을 펼쳤습니다. 목소리를 내지 못하는 이민자들을 열렬히 옹호했지요. 그런데 그는 신학적으로나 정치적으로나 매우 '보수적인' 사람이었습니다. 그런 사람이 왜 그런 활동을 하는지 저는 궁금했고 그에게 물어보았습니다. 그러자 목사는 답했습니다. "우리 주 예수 그리스도께서 아기셨을 때 이집트의 이민자셨으니까요. 우리는 그 예수를 하느님의 온전한 계시라고 고백하지 않습니까? 게다가 그분께서는 우리에게 한시적으로 우리 땅에 체류하는 이들과 이방인들을 환대하라고 명령하셨고요. 제가 이민자들의 권리를 위해 싸우는 이유는 그 때문입니다." 예수 그리스도를 믿는다는 것은 이렇게 위험합니다. 하느님께서는 몸소 세상과 자신을 화해시키셨습니다.

02

—

지금 여기에, 하느님으로부터 말씀이

유다 왕 아하스에게 문제가 생겼습니다. 큰 군대가 그를 에워싼 것입니다(이사 7). 예언자 이사야가 그에게 조언했습니다. "왕이여, 당신의 하느님께 징표를 구하십시오. 하느님이 징표를 주실 것입니다. 한 젊은 여성이 잉태하여 아들을 낳을 것이고, 그에게 임마누엘이라는 이름을 지어줄 것입니다. 그 아기가 성스러운 은총의 징표가 될 것입니다." 아하스는 분명 속으로 생각했을 것입니다. '내게 필요한 건 마차, 전사, 검인데, 기껏 무명의 임산부와 아이가 징표의 전부라는 건가?' 유다 왕의 눈에는 자신과 자신의 대적만이 보였습니다. 그는 이 역사의 무대에 서 있는 배우가 자신과 그들뿐이라고 생각했습니다. 하지만 아하스가 틀렸습니다. 하느님께서 지금 여기서 활동하고 계십니다. 그런데 그분의 활동 방식은 좀 독특합니다. 하느님께서 나타나시고 우리의 기도는 응답받습니다. 그렇지만 그 응답은 언제나 우리가 기대한 것과는 다릅니다.

초기 그리스도교인들은 하느님은 오직 한 분이라는 유대교의 신앙을 견지했습니다. 그들에게 예수는 전에 믿던 하느님을 대체하는 새로운 하느님이 아니라 오히려 이스라엘이 언제나 믿고 경배하고 순종하려 애썼던 그 하느님이 예수를 통해 인간의 형상으로 밝히 드러난 것이었습니다. 그러한 면에서 그리스도교인들이 구약성서를 읽으며 이스라엘 하느님의 활동과 정체성을 예수의 예표prefigurement로 본 것은 지극히 자연스러운 일이었습니다. 하느님께서는 아브라함과 언약을 맺으셨지만, 그 언약은 곧바로 실현되지 않았습니다. 히브리인들은 이집트에서 지난한 노예 생활을 해야 했습니다. 그러나 결국 그들은 이집트를 탈출했습니다. 출애굽기는 이 역사 가운데 하느님께서 개입하셨음을 고백합니다.

이스라엘 백성은 고역을 견디다 못하여 신음하며 아우성을 쳤다. 이렇게 고역에 짓눌러 하느님께 울부짖으니 하느님께서 그들의 신음을 들으시고 아브라함, 이삭, 야곱과 맺으신 계약을 생각하시어 이스라엘 백성을 굽어살펴 주셨다.

(출애 2:23~25)

하느님께서는 이스라엘 백성을 해방하기 위해 모세를 부르셨습니다. 그렇게 그분은 우리를 지켜보실 뿐 아니라 나타나시고 개입하십니다. 야훼께서 모세에게 나타나셨을 때 모세는 "제가 여기 있습니다"(출애 3:4)라고 답했습니다. 모세의 답에 주목해 보십시오. 이는 마리아에게 천사가 난입했던 때에 마리아가 했던 답과 유사하지 않습니까?

마리아가 말하였다. "보십시오, 나는 주님의 여종입니다. 당신의 말씀대로 나에게 이루어지기를 바랍니다." (루가 1:38)

하느님은 예상할 수 없는 때, 뜻밖의 장소에 나타나시며 자격 없는 사람들을 부르셔서 기대하지도 못했던 징표를 보여주시고 기적을 행하시는 분이심을 마리아는 일찍이 배워 알고 있었습니다. 마리아의 신앙은 그 바탕 위에 형성되었고 그 신앙으로 그렇게 응답했습니다.

예수가 나타났을 때, 그는 이런 분과 자신을 동일시했습니다. 하느님이 역사 속에 한 인간으로 오셨습니다. 특정 시간, 특정 공간에 예수라는 한 사람이 되셨습니다. 하지만 이러한 성육신은 하느님의 본성에서 벗어난 것이 아닙니다. 그 하느님이 나타나신 것이지요.

하느님은 구체적으로 우리 삶에 개입하십니다. 성육신은 하느님의 구체성을 보여줍니다. 그분은 특정 시간, 구체적인 장소에 나타나십니다. 특정 민족, 이를테면 이스라엘 민족을 선택하십니다. 온 세상을 위한 당신의 목적을 이루기 위해 특정인을 부르시고 들어 쓰십니다. 하느님은 그렇게 활동하십니다. 이러한 맥락에서 바울은 회중에게 말했습니다.

> 세상에서 보잘것없는 사람들과 멸시받는 사람들, 곧 아무것도 아닌 사람들을 택하셨습니다. (1고린 1:28)

우리는 언제나 하느님이 나타나시기를 바라왔습니다. 예언자도 하느님께서 "하늘을 가르시고 내려오시"기를 간청했지요(이사 64:1). 엉망진창이 된, 심각하게 망가진 우리를 이 진창에서 꺼내 주실 분은 하느님뿐입니다. 성서는 한결같이 하느님께서 반드시 나타나신다고, 우리가 요청한 그때 오시지는 않더라도, 반드시 나타나신다고 이야기합니다.

우리가 기대하지 않았던 모습으로 오시는 하느님

하지만 우리가 '하느님이라고 추정한 하느님'이 아닌 참된 하느님이 나타나시는 것은 또 다른 문제입니다. 1세기 많은 사람은 메시아 즉 하느님의 기름 부음 받은 거룩한 사람, 메시아가 와서 잘못된 세상을 바로잡아주기를 기도했습니다. 하지만 정작 예수가 나타나자 사람들은 비웃었습니다. "메시아가 저런 모습일 리 없잖아. 우리는 로마에서 우리 민족을 구해주고 새로운 다윗 왕조를 세우는 지도자, 개선장군처럼 행진해 들어올 군사 지도자를 보내 달라고 기도했다고. 그런데 나자렛 출신 목수의 아들이 그 기도의 응답이라는 건가?"

루가 복음서 4장에서 예수는 어느 안식일 그의 고향 나자렛의 회당에 나타납니다. 사람들은 그에게 예언자 이사야의 예언이 적힌 두루마리를 건넸습니다. 그리고 그는 하느님께서 이스라엘을 구원하실 것을 약속하는, 널리 사랑받는 본문을 읽어 내려갑니다.

주님의 성령이 나에게 내리셨다.

주께서 나에게 기름을 부으시어

가난한 이들에게 복음을 전하게 하셨다.

주께서 나를 보내시어

묶인 사람들에게는 해방을 알려 주고

눈먼 사람들은 보게 하고,

억눌린 사람들에게는 자유를 주기 위해. (루가 4:18~19)

사람들은 술렁였습니다. '로마에게 짓밟힌 우리보다 더 해방이 필요한, 더 억압받는 이들이 있나? 아무렴 하느님이 오실 때가 진즉에 되었지.' 이어 젊은 랍비는 예언자가 하느님이 출현하시는 것에 대해 한 이야기를 바탕으로 설교를 시작했습니다.

엘리야 시대에 … 이스라엘에 과부들이 많이 있었지만, 하느님은 엘리야를 그 많은 과부 가운데서 다른 아무에게도 보내지 않으시고, 오직 시돈에 있는 사렙다 마을의 한 과부에게만 보내셨다. 또 예언자 엘리사 시대에 이스라엘에 피부병 환자가 많이 있었지만, 그들 가운데서 아무도 고침을 받지 못하고, 오직 시리아 사람 나아만만이 고침을 받았다. (루가 4:25~26)

예수를 흠모했던 회중은 이제 살기를 띠고 예수에게 분노합니다. '우리가 언제 율법에 어긋난 사람들을 축복해 주셨던 것, 하느님이 또 그렇게 하실 수도 있다는 것을 일깨워 달라고 했나!' 청중이 예수에게 원한 메시지는 그런 것이 아니었습니다.

오늘날 성육신 교리를 정말 믿기 어려운 이유는 언젠가 하느님께서 이 땅에 오실 수 있다는 것을 믿기 어렵기 때문이 아닙니다. 문제는 현대인인 우리가 우리 자신이 능히 사랑받을 만하기에 우리가 원하는 대로 하느님이 오시기를 바란다는 데 있습니다. 여러분은 과연 하느님께서 오시는 대로 그분을 받아들일 수 있습니까? 과연 그리스도 안에서, 그리스도를 통해, 하느님으로서 오시는 그분을 받아들일 수 있습니까? 하느님이 그리스도 안에 계셨고, 이 세계와 스스로 화해를 이루셨다는 사실이 놀라운 것이 아니라 하느님이 '예수 그리스도' 안에 계셨다는 사실이 놀라운 것입니다.

하느님이 말씀하시다

태초에 '말씀'이 계셨다. 그 '말씀'은 하느님과 함께 계셨다. 그 '말씀'은 하느님이셨다. 말씀은 태초에 하나님과 함께 계셨다. 모든 것이 말씀으로 말미암아 창조되었으니, 말씀 없이 창조된 것은 하나도 없다. 창조된 것은 말씀에게서 생명을 얻었으니, 그 생명은 모든 사람의 빛이었다. 그 빛이 어둠 속에서 비치니, 어둠이 그 빛을 이기지 못하였다. ... 그 말씀은 육신이 되어 우리 가운데 사셨다. 우리는 그의 영광을 보았다. 그것은 아버지께서 주신, 외아들의 영광이었다. 그는 은혜와 진리가 충만하였다. ... 일찍이, 하느님을 본 사람은 아무도 없다. 아버지의 품속에 계신 외아들이신 하느님께서 하느님을 알려주셨다. (요한 1:1~5, 14, 18)

요한 복음서는 그리스도를 "말씀"Word이라 명명하며 이야기를 시작합니다. 하느님은 '말씀'으로 무에서 유를 창조하십니다(창세 1). 이에 더해 요한은 이 '말씀'이 창조 이전에 있었다고, 태초부터 있었고 세계를 창조한 그 '말씀'이 우리에게 왔다고 선언합니다. 이 장엄한 서두에 함축된 뜻을 숙고해 봅시다.

1. 우리의 말word 이전에 하느님의 말씀Word이 있었습니다.
2. 하느님은 우리에게 존재하라고 말씀하셨습니다.
3. 우리는 혼자가 아닙니다.

요한 복음서의 나머지 부분은 '말씀이 육신이 되었다'는 말의 정체가 온전히 드러나는 과정을 그립니다. "하느님을 본 사람은 아무도 없다"는 진리를 "외아들이신 하느님께서 하느님을 알려주셨다"(요한 1:18)는 약속이 반박합니다. 이 네 번째 복음서에는 탄생 이야기가 없습니다. 구유도 없고 동정녀 탄생도 없습니다. 마태오와 루가가 기록한 성육신 사건에는 예수의 탄생 이야기가 있었지만, 요한 복음서는 성육신 사건의 의미가 담긴 신학적이고 시적인 서론을 제시합니다.

만물과 사건의 의미, 그 모든 것 아래 흐르고 있는 논리를 그리스 철학에서는 '로고스', 즉 말씀이라고 불렀습니다. 요한은 아주 유대적인 방식으로 복음서를 시작하며 말합니다.

태초에 '말씀'이 계셨다.

이렇게 그는 영원한 로고스, 만물의 근거, 핵심, 근원이 말씀-그리스도라고 선언합니다. 분명 요한은 세속 철학 용어를 사용했습니다. 하지만 요한이 이를 통해 전하려는 바는 땅에 있는 철학이 닿지 못하는 천상의 것, 즉 유대 신앙에서 이야기하는 하느님이 사랑으로 나타나셨다는 것이었습니다.

하느님이 사랑으로 나타나시다

"말씀이 육신이 되었다"는 선언은 너무도 충격적입니다. 이는 하느님이 무엇을 하실 수 있는지에 관한 우리의 고정관념을 부숩니다. 장엄한 하느님의 논리가 한 인간이 되다니. 이것이 가능한 일입니까? 이 난해한 진술에 예수를 따르던 이들은 '그렇다'고 답합니다. 이 세계를 창조하신 분, 이스라엘이 대면하기조차 꺼렸던 분이 인간이 되셨습니다. 하느님의 가장 하느님다운 부분이 물질이 되셨습니다. 의미가 물질이 되었습니다. 우주의 논리가 아주 작은 한 아기로 구현되었습니다. 요한의 말을 빌리자면 (그리스어를 문자 그대로 옮기면) "말씀이 우리 가운데 천막을 치셨"습니다. 세계는 이 경이로운 순간을 위해 창조되었습니다. 하느님께서 예수 그리스도를 통해, 우리 가운데 성막을 치기 위해 말입니다.

그리스도교 신앙은 상식이 아니며, 삶에 대한 고결한 철학은 더더욱 아닙니다. 그리스도교 신앙은 저 사람, 온전한 하느님으로서의 그리스도, 나자렛 출신의 유대인으로 우리에게 가까이 오신 하느님에 대한 증언입니다. 대학교에서 강의를 하며 저는 예수가 위엄 있게 "나는 길이요, 진리요, 생명이다"(요한 14:6)라고 말한 것이 얼마나 이상한 일인지를 더절실히 깨달았습니다. 학문 세계에서는 진리를 개념화할 수 있는 것, 추상화된 것, 보편적이고 일반적인 것으로 여깁니다. 하지만 예수는 "내가 진리다"라고 말합니다. 진리가 인격적이라는 이야기, 한 사람이라는 이야기지요. 우리는 이 진리를 택하지 않았습니다. 그가 우리를 택했습니다. 다시 말하지만, 이는 진리에 대한 매우 기이한 정의입니다.

어느 글에서 니체Friedrich Nietzsche는 물었습니다. "진리가 여성이라면 어떨까?" 성차별적인 물음으로 보일 수 있겠고, 실제로 그렇다고 볼 여지도 있습니다. 하지만 이 물음은 진리가 건조하고, 무심하고, 생기 없는 관념이기보다 직관적이고, 감정이 있고, 몸이 있고, 욕구가 있는, 인격적인 것일 수도 있다는 가능성을 생각해 보게 해줍니다. 진리가 나자렛에서 짧은 생을 살다가 끔찍하게 죽고 돌연 죽음에서 부활한 사람일 가능성을 일깨우는 것이지요.

태고의 어둠을 향해 하느님께서는 "빛이 있으라"고 하셨고, 미개했던 혼돈은 생기를 띠며 살아납니다(창세 1). 요한 복음서는 창세기에서 빌어온 말들로 이야기를 시작합니다. "태초에 ..." 예수는 첫 번째 창조에서 처음 나타났던 그 빛과 같은 빛입니다. 후에 이 복음서에서 예수는 자신이 "이 세상의 빛"(8:12, 12:35)이라고 말하기도 합니다. 창세기 1~2장에 빗대어 예수 그리스도의 출현은 새로운 세계, 완전히 새로운 세계가 창조되는 사건으로 그려집니다.

하지만 요한 복음서는 그저 빛이 출현했다는 것 그 이상을 선포합니다. 요한은 이에 더해 "빛이 어둠 속에서 비치니, 어둠이 그 빛을 이기지 못하였다"(요한 1:5)고 말합니다. 예수는 세계의 혼돈과 악 속으로 침입해 들어옵니다. 신개정표준판NRSV 성서에서는 어둠이 빛을 "극복하지 못했다"라고 번역합니다. 그리스어 '카타람바노'καταλαμβάνω에 대한 좋은 번역입니다. 저는 제임스흠정역KJV 성서의 번역("어둠은 빛을 이해하지 못했다")도 좋아합니다.

요한은 이중의 의미가 있는 표현을 즐겨 썼으니 '카타람바노'라는 말을 씀으로써 '극복'과 '이해' 모두를 의도했다고 보는 것이 타당할 것입니다. 이 세상에 빛이 왔지만, 어둠은 이를 이해하지도 못했고 극복하지도 못했습니다.

지난 주일에도 상당히 많은 이가 교회에 모여 하느님을 예배했을 것입니다. 하지만 하느님을 예배하지 않는 이들에 비하면 그 숫자도 소수입니다. 교회에 출석하지 않는 이들이 꼭 그리스도교 신앙에 적대적이지는 않습니다. 그저 이해를 못할 뿐입니다. 비신자들에게 성탄절은 많이 먹고 진탕 마시는 즐거운 휴일이며 아주 먼 곳을 여행할 수 있는 날이자 많은 돈을 쓰는 날에 불과합니다. 소수의 그리스도인이 모여

"기쁘다 구주 오셨네. 만백성 맞으라" 노래하더라도 대다수는 그것이 무슨 말인지 모르겠다고 합니다. 그 의미를 "이해하지 못하는" 것이지요.

언제나 우리를 향해 말씀하려 애쓰셨던 하느님께서 마침내 성육신하셔서 "그 아들을 통해 우리에게 말씀"(히브 1:2)하셨습니다. 하지만 대다수 사람은 예수를 그저 몇몇 흥미로운 이야기를 했던, 그러다 사라진 역사 속의 한 인물로 봅니다. 그들은 "이해하지 못"합니다. 말씀이 세상을 창조하였지만, 세상은 그를 모릅니다. 말씀이 그의 소유인 백성 가운데 거하셨지만, 그의 백성은 그분을 받아들이지 않습니다. 슬픈 비극입니다. 하느님께서 마침내 선명하게, 말씀이 몸이 되셔서 결정적으로 말씀하셨지만, 세상은 이를 이해하지 못합니다.

이후로 요한은 '말씀으로서의 예수'를 다시 언급하지는 않습니다. 하지만 그는 분명 이 장엄한 선율이 나머지 이야기를 읽는 내내 우리 마음에 흐르도록 의도했습니다. 이를테면 가나의 혼인 잔치 이야기도 그렇습니다. 요한은 다른 모든 곳을 제쳐두고 결혼식장, 더 정확히는 결혼식이 끝나고 이어지는 연회 장소에 있는 예수를 그립니다.

사흘째 되는 날에 갈릴리 가나에 혼인 잔치가 있었다. 예수의 어머니가 거기에 계셨고, 예수와 그의 제자들도 그 잔치에 초대를 받았다. 그런데 포도주가 떨어지니, 예수의 어머니가 예수에게 말하기를 "포도주가 떨어졌다" 하였다. 예수께서 어머니에게 말씀하셨다. "여자여, 그것이 나와 당신에게 무슨 상관이 있습니까? 아직도 내 때가 오지 않았습니다." 그 어머니가 일꾼들에게 이르기를 "무엇이든지, 그가 시키는 대로 하세요" 하였다. 그런데 유대 사람의 정결 예법을 따라, 거기에는 돌로 만든 물항아리 여섯이 놓여 있었는데, 그것은 물 두세 동이들이 항아리였다. 예수께서 일꾼들에게 말씀하셨다. "이 항아리에 물을 채워라." 그래서 그들은 항아리마다 물을 가득 채웠다. 예수께서 그들에게 말씀하시기를 "이제는 떠서, 잔치를 맡은 이에게 가져다 주어라" 하시니, 그들이 그대로 하였다. 잔치를 맡은 이는, 포도주로 변한 물을 맛보고, 그것이 어디에서 났는지 알지 못하였으나, 물을 떠온 일꾼들은 알았다. 그래서 잔치를 맡은 이는 신랑을 불러서 그에게 말하기를 "누구든지 먼저 좋은 포도주를 내놓고, 손님들이 취한 뒤에 덜 좋은 것을 내놓는데, 그대는 이렇게 좋은 포도주를 지금까지 남겨 두었구려!" 하였다. 예수께서 이 첫 번 표징을 갈릴리 가나에서 행하여 자기의 영광을 드러내시니, 그의 제자들이 그를 믿게 되었다.

(요한 2:1~11)

연회 중에 포도주가 동이 났습니다. 예수의 어머니는 예수에게로 가 걱정스레 포도주가 다 떨어졌다고 말합니다. 예수는 통명스레 답합니다. "그게 저랑 무슨 상관이 있습니까?" 마리아는 이에 "무엇이든지, 그가 시키는 대로 하세요"하고 하인들에게 말합니다. 예수는 그들에게 항아리를 물로 가득 채우라고 하고 그 물은 포도주가 됩니다.

요한은 이것이 "첫 번 표징"이었다고, 그 후로 "그의 제자들이 그를 믿게 되었"다고 말합니다. 첫 "표징"이자 첫 경이가 680리터의 포도주를 만든 것이라니 대체 여기에 무슨 영적인 유익이 있습니까? 게다가 제자들은 무엇을 믿었다는 것입니까? 이제 겨우 네 번째 복음서의 두 번째 장일 뿐입니다. 예수는 아직 설교를 한 적도, 뭔가를 가르친 적도 없습니다. 그 잔치 자리에서 기적을 목격한 사람들도 대부분 머리를 긁적이며 "저걸 어떻게 한 거지?"라고 했을 테고, 소수만 예수를 믿으며 이 기이한 자리를 떠났겠지요. 여기서 설명이 이루어진 것은 거의 아무것도 없습니다. 오히려 의문만이 남았습니다. 요한 복음서에서는 성육신하신 말씀이 나타났을 때는, 심지어 결혼식 피로연 같은 이른바 세속적인 사건에서조차 기대할 수 없는 것을 기대하게 합니다. 그리고 그 기대는 혼란을 낳습니다. 이를 통해 요한은 이렇게 말하고 싶어 하는 듯합니다. "말씀이 육신이 되신 세계로 오신 것을 환영합니다."

'말'이 '몸'이 되고, 그가 "이것은 우리를 향한 영원하신 하느님의 말씀"이라고 말하는 것을 보게 된다면 누군들 놀라지 않을까요. 우리는 듣기는 하지만 듣지 못하고 보기는 하나 보지 못합니다. 요한 복음서에서 이 주제는 내내 반복됩니다. 살아있는 말씀인 예수가 말하지만 사람들은 그 말을 받아들이지 못합니다. 예수가 자신을 "하늘에서 온 빵"이라고 "나를 먹"으라고 하자(요한 6) 제자들은 "어휴, 저 말은 너무 어려워"라고 응수합니다. 예루살렘에서 당황한 군중은 "뭐라는 거야?"라고 묻습니다(요한 7:36). 이에 예수는 씁쓸하게 말합니다.

> 내 말이 너희 속에 있을 자리가 없구나. ... 너희는 내 말을
> 받아들일 마음이 없기 때문이다. (요한 8:37, 42)

성육신에 대한 저의 설명이 잘 이해가 되지 않는다면 마음을

편히 가지시고 용기를 내십시오. 말씀이 육신이 되셨다는 선언을 들었을 때 사람들은 대체로 이를 이해하지 못했으니까요. 하지만, 아무리 이상하게 들리더라도 이 선언은 우리를 부르는 말입니다. 요한은 창세기 1~2장을 새롭게 다시 쓰며 우리가 새로운 피조물이라고 선언합니다. 어둠 속에 있는 우리 가운데 참된 빛이 들어와 빛난다고 선포합니다.

> 그를 맞아들인 사람들, 곧 그 이름을 믿는 사람들에게는, 하느님의 자녀가 되는 특권을 주셨다. 이들은 혈통에서나, 육정에서나, 사람의 뜻에서 나지 아니하고, 하나님에게서 났다. (요한 1:12~13)

우리 스스로 고안해 낼 수 없는 이 말씀을 붙들면, 이 말씀이 생명의 원천이 되어 줍니다.

> 너희가 나의 말에 머물러 있으면, 너희는 참으로 나의 제자들이다. 그리고 너희는 진리를 알게 될 것이며, 진리가 너희를 자유롭게 할 것이다. (요한 8:31~32)

이 말씀은 하느님과 우리 사이에 있는 문제에 대한 하느님의 자애로운 해결책입니다.

> 너희는, 내가 너희에게 말한 그 말로 말미암아 이미 깨끗하
> 게 되었다. (요한 15:3)

우리는 새로운 피조물입니다. 그리스도인으로서 우리는 어두운 세상에서 하느님의 빛을 나르는 자입니다.

'카타람바노'는 '이해'나 '극복' 외에 또 한 가지 의미를 담고 있습니다. 바로 '붙잡는다'는 뜻입니다. 이렇게 보면 "빛이 어둠 속에서 비치니, 어둠이 그 빛을 이기지 못하였다"는 "어둠이 빛을 붙잡지 못했다"라는 뜻이 될 수도 있습니다. 어둠이 "그를 이해하지" 못했다는 것은 어둠이 빛을 완전히 붙잡지 못했다는 뜻이기도 하니까요. 요한 복음서 12장에서 예수는 그의 제자들에게 빛 가운데로 다녀 어둠에 "붙잡히지 않게 하라"라고 말합니다. 이때 쓰인 말도 카타람바노입니다.

저는 제가 사는 도시에서 노숙자들을 위한 목회 활동을 하는 책임자에게 10년의 사역 중에 가장 어려웠던 일이 무엇인지 물은 적이 있습니다. 그녀는 답했습니다. "저희는 늘 재정이 파산하기 직전이 되어서야 찾아온 도움의 손길로 명맥

을 이어 왔답니다. 그게 가장 어려웠어요. 언제나 파산 상태보다 딱 한발 앞서 있었거든요." 어둠이 뒤쫓아 오며 위협하기를 거듭했음에도 그녀는 이 목회 활동을 10년간 이어왔습니다. 어둠이 빛을 붙잡지 못했던 것입니다.

저는 세상이 아이들을 탐욕스러운 사람으로, 물질만능주의에 빠진 존재로, 자기밖에 모르는 멍청이로, 세상 자신의 꿈을 이루게 하는 전형으로 만들려 하는 모습을 보았습니다. 동시에 하느님께서 교회를 통해 아이들을 남을 배려할 줄 아는 인간, 측은지심을 갖는 인간으로 빚어내시는 모습을 보았습니다. 세상은 빛을 붙잡으려 했지만, 언제나 붙잡히는 것은 세상이었습니다.

로마인들에게 보낸 편지 12장에서 바울은 우리가 "악에게 지지 말고, 선으로 악을 이"겨야 한다고 말합니다. 즉, 이 세상을 살며 하느님께서 그리스도 안에서 응답하신 대로 악에 응답하라는 것입니다. 빛이 비치게 하십시오. 그리스도를 따르는 우리는 세상의 방식(힘, 폭력, 응징, 거짓)으로 악을 극복하지 않습니다. 우리는 그리스도께서 하신 대로 악을 극복합니다. 사랑을 드러냄으로, 어둠 속에 있는 우주에 빛을 비춤으로써 악을 극복합니다.

희망을 품고 현실적으로

성육신은 희망을 품으면서도 현실을 정직하게 응시하게 해줍니다. 성육신을 믿는다는 것은 모든 곳을 비추는, 그렇게 하기로 작정한 빛을 보았음을 뜻합니다. 새로운 세계의 여명이 밝아 옵니다. 하지만 아직 완전히 환하지는 않습니다. 성육신은 베들레헴에서 태어난 아기에 관한 가르침이면서 또한 무고한 한 사람이 골고다에서 잔혹한 십자가형을 받은 것에 대한 가르침이기도 합니다. 십자가 발치에 서기까지는 하느님이 성육신을 통해 뜻하신 바가 얼마나 크고 넓은지 알기 어렵습니다.

성탄절에 사랑이 이 땅에 오셨네.

이 노랫말대로, 사랑은 성금요일에도 이 땅에 오셨습니다.

이른바 진보적인 개신교인들은 악에 대한 관점이 지나치게 낙관적이라는 평가를 받습니다. 우리는 기본적으로 우리가 괜찮은 사람이라고 생각하는 경향이, 인간의 본성은 선하며 교육을 통해 성장하고, 태도를 바꾸고, 사회 구조를 좋은 방향으로 바꾸면 궁극적인 진보를 이룰 수 있다고 믿는 경향이 있습니다. 이에 더해 이른바 '번영 신학'Prosperity theology

을 지지하는 사람은 신앙이 곧 '좋은 삶'과 연결된다고 이야기하기까지 합니다. 복음에서 세상을 향한 비판은 제거해 버린 채 세상이 정의하는 '좋은 삶'과 신앙을 동일시하는 것입니다.

악이 횡행하는, 무고한 이가 고통을 당하는, 끝없이 불의가 이어지는, 이로 인해 너무도 많은 이들이 괴로워하는 현실은 외면한 채 세상을 불순물 하나 없이 온전히 "좋은" 곳으로 여깁니다. 빛은 결국 자신에게 대항하는 그 모든 세력을 이길 것입니다. 하지만 그 일이 온전히 이루어지기까지의 시간은 그렇게 예쁘지만은 않을 겁니다. 예루살렘에서 태어난 아기에 관한 이야기가 끝나기 전에는 고통과 피의 이야기가 있습니다. 성탄절이 지나면 성금요일이 찾아옵니다. 예수는 자신을 따르는 이들에게 푹신한 소파를 약속하지 않았습니다. 그는 십자가를 약속했습니다.

그렇기에 교회는 우리 가운데 여전히 슬픔이 있음을 정직하게 인정하며 사려 깊게 기쁨의 노래를 불러야 합니다. 교회가 여전한 분투와 시시때때로 우리를 넘어뜨리는 패배를 정직하게 마주하지 않고 마냥 행복한 얼굴로 발랄하게 빛과 기쁨 승리를 기념하는 것은 성육신을 부당하게 대하는 것입니다. 이로 인해 (그리스도께서 우리에게 사랑하라고 명령하신) 상처 입은 이웃은 그리스도께서 오셨다는 기쁜 소식에서 멀어집니다.

세상을 비추는 빛은 현실의 어둠을 피하거나 거부하지 않습니다. 빛은 성육신을 통해 죄로 점철된 영역 안으로 들어와 활동하며 궁극적인 승리를 거둡니다. 이것이 우리가 '영원한 말씀'을 '복음'이라고 부르는 이유 중 하나입니다. 세상을 비추는 빛이 어둠에 비춥니다. 어둠은 빛을 이기지도, 이해하지도, 붙잡지도 못합니다.

예언자들이 예언했던 말씀, 계명에 분명히 나와 있는 그 말씀이 예수 그리스도 안에서 육신이 되었습니다. 교회가 이 말씀을 선포하는 가운데, 그 말씀을 듣는 가운데, 빵과 포도주를 나누는 가운데, 교회의 구성원들이 말씀을 증언하는 가운데 그 말씀은 당신의 활동을 이루어 나가십니다. 성육신처럼 기이하고 불가해한 경이를 마주하면 이를 믿지 않는 것이 그리 놀라운 일은 아닙니다. 더 경이로운 사실은 신앙하지 않을 가능성이 넘쳐남에도 여전히 많은 이가 이 진리를 이해하고, 믿고, 그 앞에서 고개를 숙인다는 것입니다. 지금 여러분이 이 책을 읽는 어려움을 감수하고 성육신에 대해 숙고해 보고 있다면, 예수의 탄생을 축하하는 잔치 자리에서 불리는 노래("천사 찬송하기를 거룩하신 구주께 영광 돌려보내세")를 듣고 있다면), 그 자체로 성육신의 현실을 증거하고 있는 셈입니다.

　　비추소서 예수여 비추소서

　　주님 당신은 사랑의 빛

　　어둠 가운데 비추소서

03

도움이 임하는 중

어느 성탄절, 세인트피터즈버그 타임스 신문 1면에는 이런 문구가 기재되었습니다.

오늘은 성탄절 정신을 수호하기 위해 1면에 좋은 소식만을 싣습니다. 세계 곳곳에서 일어난 다른 일들에 대한 전체 보도는 3면을 보십시오.

스티븐 시맨즈Steve Seamands는 이러한 기획에 반대하며 편집자가 의도는 좋았으나 성탄의 요점을 놓쳤다고 진단합니다.

하느님의 아들인 예수는 감성적인 세계, 좋은 소식만이 있는 환상 속 세계에서 태어나시지 않았다. 그분은 '이 세계', '우리가 사는 세계'에 태어나셨다. 오늘 여기처럼, 악이 횡행하고 위험이 도사리고 있는 이 세계에 말이다.[1]

하느님께서 인간이 되셔야만 했고, 벽지에 사는 한 여인에게서 태어나셔야만 했다는 것은 그 자체로 충분히 수치스러운 소문입니다. 그런데 이 성육신이라는 추문은 하느님이 범죄자로 처형을 받아 가장 수치스러운 모습으로 죽음을 맞이함으로써 더 깊어지고 강화됩니다. "하느님은 누구인가?"라는 질문에 그리스도인은 십자가를 가리키며 예수를 통해 드러난 하느님을 진술합니다.

하느님은 사랑이시다. (1요한 4:8)

나를 본 사람은 아버지를 보았다. (요한 14:9)

누군가 자기 입으로 이런 말을 뱉는다면 듣는 사람은 경악할

---

1 Stephen Seamands, *Give Them Christ* (Downers Grove, IL: InterVarsity, 2012), 34~35.

것입니다. 게다가 예수처럼 말하고 행동하는 사람이 이런 말을 했다면 더욱 그렇습니다. '나를 본 사람은 하느님을 본 것'이라는 주장으로 인해 하느님에 대한 우리의 모든 진술은 예수라는 시험대에 오릅니다. 우리는 하느님께서 마침내 우리를 적에서 구해주시리라고, 로마의 지배자를 무찌르고 수도로 개선장군처럼 들어오실 것이라고 생각했습니다. 하지만 그분은 당나귀 등에 타고 터덜터덜 입성하셨습니다. 권력자들의 환호가 아니라, 작은 아이들이 "호산나" 외치는 소리와 함께 오셨습니다. 그렇게 예수는 하느님에 대한 우리의 사고를 조정했습니다.

그리스도에 대해 충실하게 생각하기

꽤 이른 시기부터 교회는 그리스도를 제대로 이해하지 못하면 하느님에 대해서도 제대로 이해할 수 없음을 깨달았습니다. 성육신이라는 현실에 온전히 상응하는 사유를 하기까지 400년이라는 시간이 걸렸습니다. 더 간단한 해결책을 찾으려는 시도도 있었지만 손쉬운 해결책은 성육신이라는 현실을 제대로 풀어내지 못했습니다.

양자설 Adoptionism

예수는 구약의 예언자들이 그랬듯, 혹은 그들보다 더욱 성령의 기름 부음으로 충만한, 놀라우리만치 하느님에게 심취한 사람이었습니다. 양자론자들은 예수가 세례를 받는 자리에서 성부께 '입양되었다'고, 성부 하느님의 사랑받는 아들이 되었다고 단언했습니다. 예수가 기쁜 소식을 선포하며 아버지의 이름으로 기적을 행하는 권한을 위임받았다고 본 것입니다. 그들에 따르면 예수는 거의 하느님 같은 분이지만, 온전한 하느님은 아니었습니다.

가현설 Docetism

양자론과 대조적으로, 가현설(그리스어 '도케인' δοκεῖν(나타나다, 혹은 출현하다)에서 유래한 말입니다)에서는 그리스도가 온전한 신성을 지니셨으나 때때로 인간으로 '나타나셨다'고 설명합니다. 가현설은 그리스도의 온전한 인간성을 인정하지 못했습니다. 전지하고 전능한 하느님께서 십자가에서 인간의 고통을 당하셨다는 것은 상상조차 할 수 없는 일이었기 때문입니다. 그리스도께서 친히 인간의 모습으로, 우리 중 하나로 나타나셨지만, 사실 그분은 겉으로만 인간의 모습을 한 하느님이었다고, 영적으로 통찰력이 있는 신자들은 그 사실을 알 수 있다고 그들은 생각했습니다. 가현설을 주장한 이들에게 '예수'는 거의 인간이었지만 온전한 인간은 아니었습니다.

　때로 교회는 예수의 탄생, 죽음, 부활에 주안점을 두느라 예수의 삶과 행동을 등한시하곤 했습니다. 이는 성육신의 진리를 양자론식으로 풀이한 오류와 다름없습니다. 실재하는 누군가에 대해 생각한다고 가정해봅시다. 우리는 그 혹은 그녀가 어떻게 생겼는지와 같은 모호한 모습에만 초점을 두지 않습니다. 그(혹은 그녀)의 말, 행동에도 주목하기 마련이지요. 예수가 동정녀 마리아에게서 나셨다는 것도 예수에 관한 중요한 무언가를 드러냅니다만, 어른이 된 예수가 무슨 말을 하고, 무엇을 행했는지도 중요한 무언가를 드러냅니다. 예수는 단지 거창한 몇몇 원칙을 천명한 것이 아니라 우리가 따를 본이 되었고 인간이 무엇이어야 하는지를 드러내는 모범이 되어서 우리를 가르쳤습니다. 요한 복음서에서 예수는 말합니다.

　　나는 길이요, 진리요, 생명이다. (요한 14:6)

"나는 길"이라고 할 때 예수는 이 땅에서 살았던 자신의 삶,

자신이 한 일 전체를 일컫고 있음이 분명합니다. 우리는 예수가 걸었던 그 길을 걷습니다. 예수의 삶을 도외시한 채 그의 탄생, 십자가, 부활에만 주목하는 것은 가현설의 또 다른 형태입니다.

오늘날 일부 유명 설교자들은 성서 이야기에서 원시적인 껍데기를 벗겨내고, 오늘날과 관련이 있는 고결한 사상, 핵심적인 원칙들을 추출해 설교를 하기도 합니다. 그들은 예수의 삶과 죽음, 그 구체적인 역사는 그다지 중요하지 않고, 그가 가르쳤던 원칙들과 그의 실제 삶은 떨어져 있었다고 여기는 듯합니다. 이를테면 저 악명 높은 예수 세미나Jesus Seminar의 어떤 시도들이 그렇습니다. 예수 세미나에서는 복음서 본문에 실린 예수의 말 중 어떤 것이 실제로 예수가 한 말인지를 표결에 부치기도 했습니다. 우리가 주님의 '말씀만을' 예배하고 있기나 한 듯이 말입니다. 예수 세미나의 본의가 어떻든, 그러한 이벤트는 그와 같은 메시지를 주기도 했습니다. 가현설은 여전히 살아있습니다.

니케아 신경은 예수가 "본티오 빌라도 치하에서 수난을 당하"셨다고 고백합니다. 이는 예수가 가장 보편적이고도 불가피한 인간의 조건, 바로 '고통'에 참여했다는 뜻입니다. 예수의 고통을 무마하려는 가현설, 예수가 고통이 침투하지 못하는 어떤 로봇 같은 존재여서 태어나고 죽기는 했지만, 그가 몸으로, 영으로 당한 고통은 환각일 뿐이라는 생각에 교회는 언제나 저항해 왔습니다.

예수는 자신을 따르는 이들이 타인에게 고통을 주는 것을 결코, 절대로 허락한 일이 없지만, 동시에 자신을 따르는 이들은 자신으로 인해 고통을 당하게 될 것이라고 말했습니다. 베드로의 첫째 편지 2장 21절을 보십시오.

바로 이것을 위하여 여러분은 부르심을 받았습니다. 그리스도께서는 여러분을 위하여 고난을 당하심으로써 여러분이 자기의 발자취를 따르게 하시려고 여러분에게 본을 남겨 놓으셨습니다.

가현설이 그리는 예수, '거의 인간' 같은 그리스도는 인간의 고통과는 거의 무관합니다. 그러나 성서에 기록된 그리스도는 인간의 고통과 필멸의 운명에 가까이 다가오셨을 뿐 아니라 우리의 고통의 잔을 마지막 한 방울까지 완전히 마신분입니다. 온 시대를 통틀어, 무수한 그리스도인들은 성육신에 담긴 사목적인 차원에서의 진리를 발견해왔습니다. 참으로 인간이었던, 고통당하는 구원자만이 우리를 참으로 도우실 수 있다는 진리 말입니다. 모든 시대에 퍼져 있는 가현설에 대항하여 G.K. 체스터턴G.K. Chesterton은 이렇게 썼습니다.

> 정통신학은 그리스도가 요정처럼 하느님과 사람으로부터 동떨어진 존재가 아닐뿐더러, 켄타우로스처럼 반쪽은 인간, 반쪽은 동물도 아니고, 참 인간이자 참 하느님이라고 주장한다.[2]

아리우스주의

4세기 성육신 교리를 확정하기 위한 공의회가 열렸습니다. 아리우스파가 그 공의회가 열리게 된 주된 이유였습니다. 아리우스주의는 성부 하느님께 온전히 예배를 드려야 한다고 주장했으며 그분의 본질은 나누어질 수 없다고 주장했습니다. 하느님의 본질이 나누어지면 하느님이 분열되거나 축소된다고 보았기 때문입니다. 아리우스는 그리스도가 하느님의 영원한 말씀이기는 하지만 하느님과 온전히 하나는 아니라고, 성부의 피조물이라고 추정했습니다. "하느님의

---

2 G.K. Chesterton, *Orthodoxy* (New York: Doubleday, 1959), 92. 『정통』(아바서원)

아들"이란 예수가 그의 탁월한 성품으로 인해 받게 된 일종의 명예 호칭 같은 것이라고 본 것입니다. 양자론자들이 그랬듯 아리우스는 그리스도의 인성을 강조했습니다. 비록 인간이기는 해도 그리스도는 하느님의 모든 피조물 중 가장 고상한 최상의 존재, 거의 하느님 같은 존재였습니다. 하지만 완전한 하느님은 아니었지요.

정통 그리스도교가 아리우스주의를 거부했음에도 (가현설이 그렇듯) 아리우스주의는 완전히 사라지지는 않았습니다. 예수에게서 뭔가 매력적인 점을 찾아서, 특정 덕목을 강조함으로써 예수를 아주 특별한 사람으로 만드는 행태는 이후에도 이어졌습니다. 이러한 관점에서 예수는 높은 도덕성을 지닌 인물이었다가, 위대한 윤리를 설파한 스승이었다가, 영적 스승이었다가, 가난한 이들을 섬겼던 이(그 섬김을 통해 하느님의 사랑과 공의를 보여준 대표적인 이)가 되곤 했습니다. 하지만 이 모든 경우에서 예수는 진짜 '하느님'은 아니었습니다. 예수를 칭송하려는 선한 뜻을 품은 이 모든 시도는 아리우스주의의 왕성한 회복력을 보여줍니다. 아리우스주의자들에게 예수는 스승 혹은 "영적인 사람"입니다. 그들에게는 예수의 가르침이 예수 자체보다 더 중요합니다. 혹은 그들에게 예수는 영적인 지혜에서나 그 풍부한 연민에서나 모든 면에서 인간다운 인간이 어떤 모습인지를 보여주는 훌륭한 예시입니다. 이러한 관점에서 십자가는 하느님이 우리를 구원하시려 감내하신 일이기보다 예수에게 일어난 끔찍한 일로 전락합니다. 신비로운 구원 이야기(십자가)는 훌륭한 스승이 자신의 가르침으로 인해 비극적인 결말을 맞은 슬픈 이야기로 축소됩니다.

이렇게 "우리와 함께하시는 하느님"을 보다 다가가기 쉽게 만들려는 여러 시도가 있었습니다. 그러나 그 모든 시도에 반하여 451년 칼케돈 공의회는 예수 그리스도가 참 하느님인 동시에 참 인간이라는 고백을 우아하게 철학적으로 수호해 냅니다. 니케아 신경과 콘스탄티노플 신경(니케아 신경이 나오고 얼마 되지 않아 나온, 더욱 온전하게 발달된 형태의 신경입니다)은 그리스도를 이치에 맞게, 논리적으로 설명하고 그리스도의 의미를 단순화하고 축소하려는 모든 이단적인 시도를 거부했습니다. 온갖 위기와 위태로운 순간을 거치면서도 그렇게 했습니다. 우리는 우리 자신을 구원할 수 없습니다. 우리는 구조되고 구원받아야 하며, 하느님께서 빛을 비춰주셔야만 합니다. 하느님만이 그렇게 하실 수 있습니다. 그리스도는 그저 높은 곳에서 내려온 하느님의 특사나 대리인이 아니라고, 그리스도를 통해 하느님은 우리의 인간성 자체를 구조

하시며 구원하신다고 칼케돈 공의회는 추론했습니다. 우리
의 구원자는 우리 모두를 온전히 구원하시기 위해 온전한 인
간이 되셔야 했습니다. 칼케돈 공의회는 그리스도께서 어떻
게 참 인성과 참 신성을 동시에 가질 수 있었는지를 명확히
규정하기보다 교회가 그리스도에 관해 언제나 알고 있던 바
를 확증하려 했습니다. 그리스도는 많은 긴장을 드러내십니
다. 우리의 길과 하느님의 길 사이의 긴장, 하느님 나라와 이
세상 나라 사이의 불화, 현생과 영생 사이의 긴장을 드러내
십니다. 칼케돈 공의회는 그 긴장이 우리가 예수 그리스도와
마주하는 일의 일부라고 선언하며 그리스도를 단순화하려
는 모든 신호를 힐책하고 그 긴장을 영원히 굳게 서 있게 했
습니다.

체스터턴은 성육신에 대한 우리의 사고에 관해 말한 바
있습니다.

그리스도교는 애초에 맹렬히 적대적인 두 속성을 모두 고수
함으로써 양쪽 모두가 불타오르게 하는 식으로 둘을 결합
한다.[3]

---

3 G.K. Chesterton, *Orthodoxy*, 95.

신성과 인성의 결합이 참이라면, 교회가 그리스도에 관한 서로 다른 두 속성을 억지로 꿰맞추거나 심하게 단순화시키지 않고 '맹렬히 적대적인 두 속성'이 그리스도 안에서 경이롭게 결합된다는 지혜를 발휘한 것은 참으로 다행스러운 일입니다.

성육신 교리는 예수가 단순한 신의 현현이라고, 세계 종교가 흔히 그러하듯 신이 일시적으로 인간의 모습으로 변모한 사건이라고 보는 모든 이론에 반대합니다. 그리고 하느님의 아들 예수와 사람의 아들 예수 사이에 불가분의 변치 않는 결합이 있다고 확언합니다. 근대 자유주의 신학의 계승자라 할 수 있는, 이른바 '진보 그리스도교인'은 예수를 특정 시대, 즉 예수가 살던 시대에 걸맞은 하느님의 계시로 보는 경향이 있습니다. 달리 말하면, 그의 시대가 아닌 오늘날, 하느님을 감지하는 능력이 '진보'한 오늘날에는 또 다른 누군가가 더 탁월하게 하느님을 드러낼 수도 있다고 보는 경향이 있습니다. 하지만 정통 그리스도교는 이에 단호하게 '아니'라고 말합니다. 예수는 하느님에 관한 온전한 진리 그 자체이며 하느님이 우리에게로 내려오신 사건이었습니다. 우리는 애초에 하느님을 향해 나아갈 수 없는 존재이기 때문입니다.

하느님께서 세상을 이처럼 사랑하셨기에 우리 또한 세상을 사랑합니다. 그리스도교 신앙은 미래에 대한 어떤 긍정적인 전망이 아닙니다. 그것이 신앙의 주된 관심도 아닙니다. 성육신으로 인해 우리는 '지금' 이 세상을 사랑합니다. 그리스도의 사랑의 영에 힘입어 그렇게 합니다. 성육신은 그 자체로 이 세상이 근본적으로 하느님의 소유임을 증명합니다.

영원한 생명이란(적어도 요한 복음서에서는) 미래에 당도할 흐릿한 목적지가 아닙니다. 영생은 지금 여기에서, 말씀이 육신이 되셔서 우리 가운데 빛으로 오신 분과 함께 살아가는 삶입니다. 성육신하신 말씀인 예수는 그렇게 생명이 무엇인지를 보여주었습니다.

성육신은 이 세계를, 온 세계를 사랑하려 애쓰도록 우리를 이끕니다. 하느님께서 예수 그리스도를 통하여, 예수 그리스도 안에서 세상을 사랑하신 것의 반절이라도 쫓아가도록, 예수의 자기희생의 길, 고통의 길을 따르도록 합니다. 예수는 "아버지의 나라가 오시며, 아버지의 뜻이 하늘에서와 같이 땅에서도 이루어지이다"(마태 6:10)라고 기도하며 십자가로 향했고, 우리에게도 이와 같이 하라고 가르쳤습니다. 하느님이 세상을 사랑하신 것처럼 세상을 사랑하며, 이 세상에서 하느님이 뜻하신 궁극의 승리를 기대하며 사랑하라 명령했습니다.

우리를 위하여, 우리의 구원을 위하여

"우리를 위하여, 우리의 구원을 위하여 … 인간이 되셨음을 믿으며"라는 니케아-콘스탄티노플 신경의 고백에는 이 신경의 핵심, 그리고 예수에 관한 우리 신앙의 핵심이 담겨 있습니다. 하늘에서 통치하는 권능을 가진 두 개의 이름이 있으며(성부와 성자) 둘 모두 성령의 권능 안에서 다스리신다는 것이지요. 그런데 왜 전능하신 하느님이 초라한 육신을 취하셨습니까? "우리를 위하여, 우리의 구원을" 위해서입니다. 몇몇 경건한 유대인들은 이를 발견한 뒤 본인들의 전통을 깨고 세상을 향해 자신들의 믿음을 선포하게 되었습니다.

요한은 첫째 편지에서 말합니다.

사랑하지 않는 사람은 하느님을 알지 못합니다. 하느님은 사랑이시기 때문입니다. 하느님께서 당신의 외아들을 이 세상에 보내주셔서 우리는 그분을 통해서 생명을 얻게 되었습니다. 이렇게 해서 하느님의 사랑이 우리 가운데 분명히 나타났습니다. 내가 말하는 사랑은 하느님에게 대한 우리의 사랑이 아니라 우리에게 대한 하느님의 사랑입니다. 하느님께서는 당신의 아들을 보내셔서 우리의 죄를 용서해 주시려고 제물로 삼으시기까지 하셨습니다. (1요한 4:8~10)

몇몇 현대 비평가는 그리스도교인들이 "인간중심주의에 물든 나르시시스트"라며 비난합니다. 그들은 "그리스도교인들은 우주의 창조주가 우리를 위해 그렇게나 곤란을 겪어야 했을 만큼 우리가 대단한 존재라고 여기는 건가?"라며 그리스도교를 비판합니다.

이는 실로 성육신의 커다란 걸림돌입니다. 위대하시고 존귀하신 하느님이, "모든 보이는 것과 보이지 않는 것"의 창조주께서(니케아 신경) 우리를 위하여, 그리스도를 통해 우리의 시공時空 속으로 들어오시는 엄청난 대가를 치르면서까지 우리의 인간성을 온전히 끌어안으셨다네요.

하느님의 사랑과 구원 활동은 인류라는 범주를 넘어섭니다. 바울은 모든 피조물이 그분의 구원을 기다리며 신음하고 있고(로마 8:19) 성육신 안에서 행하신 그분의 구원 활동이 개인들의 구원을 넘어서는 우주적인 사건이라고 이야기했습니다. "우리를 위하여 또 우리를 구원하시기 위하여" 주님이 성육신하셨다는 것은 그런 뜻입니다.

하느님께서 세상을 이처럼 사랑하셔서 외아들을 주셨으니,
이는 그를 믿는 사람마다 멸망하지 않고 영생을 얻게 하려
는 것이다. (요한 3:16)

하지만 때로 교회는 "하느님이 나와 나를 닮은 우리 교회 친
구들을 사랑하셔서…"라고 말하며 성육신 안에서 이루어지
는 구원의 범위를 제한하곤 합니다.

그리스도 안에서 "하느님께서 세상을 이처럼 사랑하"셨
다는 선언은 초기 그리스도교인들이 유대라는 지역의 경계
를 넘어서도록, 제국 내에서 작고 미움받는, 사면초가에 놓
인 이들이 전혀 자신들의 처지에 걸맞지 않은 우주적 선언을
뻔뻔스레 선포하도록 이끌었습니다. 한때 낙담했던 제자들
은 부활 사건 이후 얼마 지나지 않아 "땅끝까지"(사도 1:8) 자
신들의 목격한 사건을 증언하는 사도가 되었고 온 세계 사람
들을 부지런히 제자 삼았습니다(마태 28:19).

또한, 성육신하신 예수를 만나는 다메섹 체험 이후 바울
은 어려움을 겪고 있는 몇몇 고린토인 무리에게 "이 세상도,
생명도, 죽음도 현재도 미래도 다 여러분의 것입니다. 그리
고 여러분은 그리스도의 것이고, 그리스도는 하느님의 것"(1
고린 3:22)이라며, 이 사실을 잊지 않도록 분투하라고 말했습

니다. 가난한 고린토 신자들을 고려하면 이 말은 터무니없는 선언으로 들립니다. 성육신이 참이 아니라면 말이지요.

마커스 보그는 예수가 "자신을 하느님의 기름 부음 받은 자로서 이스라엘 역사의 정점에 있는 인물"로 여겼다면, "그처럼 거창한 용어로 자신을 설명하는 사람에게는 정신적인 문제가 있지 않겠냐는 의구심을 품을 수밖에 없다"고 말합니다. 이어서 그는 말합니다. "나는 예수와 같은 이가 자기 자신을 그처럼 드높였다고는 생각할 수 없다."

보그는 성육신을 두 가지 방식으로 생각해 볼 수 있다고 말합니다. 첫 번째 방식은 "초자연적 유신론"supernatural theism입니다. 그는 이것이 "세대를 통틀어 그리스도교 대중 수준에서 가장 흔했던" 사유라고 일축합니다. 여기서 하느님은 '여기'가 아니라 '저 바깥에' 있으며 자신이 부재한 여기에 예수를 약 3년간 보내 "간섭하는 존재"입니다. 또 다른 방식, 그리고 보그가 지지하는 방식은 "범재신론 혹은 변증법적 유신론"입니다. 그는 이 입장을 이렇게 설명합니다.

(여기서) 하느님은 '저 바깥에' 계신 것이 아니라 '지금 여기'에 현존하시면서도 '지금 여기'를 넘어 계신다. … 영적인 인간으로서 예수는 지금 여기에 현존하시는 하느님에게 열

려 있었다. … 나는 예수를 어느 곳에나 현존하는 하느님이 몸을 입은 존재, 성육신으로 이해한다. 그는 저 바깥에서 온 방문자, '저 바깥에' 있는 하느님이 세상에 보낸 방문자가 아니다. 그는 우리와 다른 무언가가 아니라 우리와 완전히 같은 인간이다.[4]

보그는 아리우스주의자였을까요, 가현설을 지지한 사람이었을까요? 답은 나왔습니다.

보그는 성육신을 무언가 모호한 신성이 지상에 스며드는 사건으로 일반화하며 예수(구체적인 인물)와 하느님의 현존을 분리해냅니다. 앞서 이야기했듯 성육신이라는 엄청난 사건, 우리 삶을 바꿀만한 도전에서 도망치려는 시도는 그 역사가 오래되었습니다. 우리는 끝없이 성육신을 모호한 뜻으로, 하느님이 이 세상에 현존하신다는 현학적인 문장으로 대체하려 합니다. 그리고 이런 추론이 이어집니다. "하느님은 이 세상을 창조하셨다. 하느님은 우리를 사랑하시되 아들을 세상에 보낼 만큼 사랑하셨다. 그러니 우리는 우리 자신에게 만족해야 하고, 이 모습 이대로의 세상에 만족해야 한다."

---

4 Marcus J. Borg and N. T. Wright, *The Meaning of Jesus: Two Versions* (San Francisco: HarperSanFrancisco, 1999), 146. 『예수의 의미』(한국기독교연구소)

아니오. 그렇지 않습니다. 성육신에는 분명 '속죄'atonement 의 측면, 즉 하느님께서 하느님과 우리 사이를 바로 세우신 측면이 있습니다. 베들레헴과 골고다는 이어져 있습니다. 예수 그리스도를 통해 하느님은 성스럽게, 극적으로, 사랑을 담아 우리를 긍정하십니다. 하지만 십자가에서는 우리가 살아가는 모습과 우리가 만든 이 세계의 모습에 대한 그분의 결연한 '부정'이 울려 퍼집니다. 그리스도는 우리 중 하나가 될 만큼 우리를 사랑하셨으며 또한 우리를 현재 상태 그대로 내버려 두실 수 없을 만큼 우리를 사랑하십니다. 신경에서 선포하듯 그분은 "우리 인간을 위하여, 우리의 구원을 위하여 ..." 성육신하셨습니다. 그저 우리의 인간됨을 옹호하고, 우리의 지속적인 죄를 묵인하시기 위해 오신 것이 아닙니다.

보그의 범재신론은 조안 오스본Joan Osborne의 유명한 노래와도 유사합니다. "하느님이 우리 중 하나라면 어떨까 ... 버스에 탄 저 낯선 사람이라면." 성육신은 하느님이 실제로 우리 중 하나가 되셨고 온전히 인간이 되셨다고 강조하지만, 그분이 "예수"라는 특정 인물로, 특정 지역에 살았고, 죽었고, 특정한 식으로 살아나셨음 또한 놓치지 않습니다. 게다가 예수는 "우리 중 하나"이면서 동시에 "우리 중 하나" 이상입니다. 그는 하느님의 고유하고도 온전한 계시입니다. 우리 중 누구도 결코 그런 존재가 될 수 없습니다.

톰 라이트는 성육신 교리를 받아들이는 것에는 "신앙, 사랑, 신뢰, 그리고 순종에 대한 헌신"이 수반 됨을 인정합니다. 보그는 마태오, 마르코, 루가의 증언보다 자신의 통찰이 더 옳다고 자신했습니다. 그의 그리스도론은 그리스도의 고유함에 대한 신뢰보다는 자신의 영적 체험에 대한 묵상에 바탕을 두고 있습니다. 그에게 복음서는 인간이 언제나 경험할 수 있는 영적 경험의 산물에 지나지 않습니다. 이에 맞서 라이트는 대담하게 말합니다.

> 나는 … 내가 지지하는 나의 신념에 대해 이야기하고 있는
> 것이 아니다. 나는 예수와 하느님에 대해 이야기하고 있다.

우리의 사고와 경험으로는 하느님에게 오를 수 없습니다. 그렇지만, 하느님께서 우리를 향해 내려오셨습니다. 이것이 참입니다. 이 일이 일어날 때 우리는 진실로 성육신의 진리를 경험하게 됩니다. 그렇게 우리가 맞닥뜨린 그 하느님은 우리의 기대를 넘어섭니다. 그분은 그저 우리 영적 갈망의 투사에 불과한 분이 아닙니다. 무수히 많은 사람이 '우리와 함께 하시는 하느님'에 대한 복음서의 증언이 참임을 깨닫습니다.

하지만 복음서의 증언은 인간의 내적 경험에 대한 증언 그 이상입니다.

예배의 리듬 안에도 성육신이 흐르고 있습니다. 우리는 교회에서 드리는 예배 중에도 이를 경험합니다. 주일에 드리는 기도와 찬양은 이 땅의 시간과 공간에서 행해지는 지극히 인간적인 활동입니다. 세례를 받으며 우리는 물을 뿌리고, 성찬을 하며 빵과 포도주를 먹고 마십니다. 그렇게 우리는 우리가 만들어낸 신이 아닌 우리 손에 잡히지 않는 하느님, 우리를 향해 급습해 들어오시는 하느님에게 우리 자신을 내맡깁니다. 그리스도교는 하느님이 철저히 인간적인 활동(씻고 먹고 마시는 활동)을 사용하셔서 우리가 그분의 거룩한 타자성에 온전히, 아주 가까이 다가가게 하신다고 믿습니다. 우리는 종종 이 땅에서 드리는 예배 중에 하느님이 우리와 함께하시고 활동하시는 것을 경험합니다. 매주는 아니더라도 말이지요. 우리가 그곳에 있을 때, 성령이 그곳에 임하십니다. 우리는 이를 거부할 수 없고, 막을 수 없습니다. 다만 놀라워할 뿐입니다. 언젠가 찰스 웨슬리Charles Wesley는 우리가 "경이와 사랑 찬미 가운데 정신을 잃"는다고, 우리의 조상 야곱과 함께 이렇게 외치게 된다고 말합니다.

주님께서 분명히 이곳에 계시는데도, 내가 미처 그것을 몰
랐구나. (창세 28:16)

우리는 이렇게 성육신을 경험합니다.

사랑하는 아이에게 세례를 주려 세례대에 서서 올려다보
면 우리는 주님께서 우리와 같이 자포자기한 사람들, 도태
된 사람들, 비열한 악당, 얼간이들을 하느님 나라를 일굴 일
꾼으로 모으셨음을 깨닫게 됩니다. 우리는 성찬을 하며, 빵
과 포도주를 통해 예수와 만나는 자리에서도, 주님의 식탁에
앉은 유다, 혹은 그보다 나쁜 사람, 그들에게도 주님께서 빵
과 포도주를 나누어주심을 봅니다. 그리스도인은 성육신의
진리를 믿습니다. 성서가 그렇게 말하기 때문이기도 하지만,
우리 교회와 우리가 성육신을 살아가고 있기 때문입니다.

우리는 생명의 말씀에 관해서 말하려고 합니다. 이 생명의
말씀은 태초부터 계신 것이요, 우리가 들은 것이요, 우리가
눈으로 본 것이요, 우리가 지켜본 것이요, 우리가 손으로 만
져본 것입니다. 이 생명이 나타나셨습니다. 우리는 그것을
보았습니다. 그래서 우리는 이 영원한 생명을 여러분에게
증언하고 선포합니다. 이 영원한 생명은 아버지와 함께 계

셨는데, 우리에게 나타나셨습니다. 우리가 보고 들은 바를 여러분에게도 선포합니다. 우리는 여러분도 우리와 서로 사귐을 가지기를 바라는 것입니다. 우리의 사귐은 아버지와 또 그의 아들 예수 그리스도와 함께하는 사귐입니다. (1요한 1:1~3)

마르틴 루터Martin Luther는 『대교리문답』 the Larger Catechism에서 그리스도교 이외의 종교를 믿는 이들도 유일신, 참된 하느님께 예배할 수 있지만, 그리스도교 신앙 외에는 하느님께서 우리에게 어떤 생각을 품고 계신지는 알 길이 없다고 말했습니다.

그들에게 하느님은 사랑과 선함의 하느님이 아니라 영원한 진노와 저주의 하느님으로 각인되어 있습니다. 그 이유가 있습니다. 그들에게는 주님이신 그리스도가 없으며, 성령을 통한 은사의 조명을 은총으로 받지 못했기 때문입니다.

성육신하신 하느님을 모른다는 것입니다. 성육신은 하느님이 누구신지를 말해 줄 뿐 아니라 우리를 향한 하느님의 뜻을 알려줍니다.

한 교회 운동가에게 새로 교회를 일구려는 이가 교회 운동을 하려면 어떤 잠재력을 갖추어야 하는지, 어떤 덕목이 가장 중요한 덕목인지를 물었던 일이 있습니다. 그러자 교회 운동가가 답했습니다. "단단한 성육신 신학입니다. 하느님이 이 세계를 구원하시려 끈질기게 손을 내밀고 계심을 믿는 이들만이 새로운 교회를 탄생시키기 위해 끝없이 달릴 수 있습니다." 그리스도교에서는 '우리와 함께하시는 하느님'을 '우리를 위한 하느님'으로 경험합니다. 예수 그리스도가 참 하느님이면서도 참 인간이라는 사상은 거대하고도 복잡한 사상입니다. 됩니다. 언젠가 필립 얀시Philip Yancey는 성공회 성직자이자 번역가인 J.B. 필립스J.B. Phillips의 이야기를 인용한 바 있습니다. 성육신에 관한 아주 적확한 이야기입니다.

선배 천사가 까마득한 후배 천사에게 우주를 구경시켜 주었다. 그들은 우주의 장엄함, 회전하는 은하, 활활 타는 별들, 무한한 공간을 가로질러 마침내 5,000억 개의 별이 있는 한 은하에 도착했다. 우리가 태양이라 부르는 별과 태양 주위를 공전하는 행성 근처에 선 선배 천사는 하찮으리만치 작은, 느릿느릿 자전하는 한 행성을 가리켰다. 그간 크고 찬란한 것들을 무수히 목격한 어린 천사의 눈에 그 행성은 따분

하고 별 볼 일 없는 테니스공처럼 보였다. 선배 천사는 손가락으로 그 행성을 가리키며 말했다.

"저 행성을 주의 깊게 봐두어야 한다."

어린 천사가 말했다.

"음... 제가 보기에는 그냥 작고 더러워 보이는데요. 저기에 뭐 별것이 있나요?"

이어지는 선배 천사의 이야기에 후배 천사는 할 말을 잃었다. 그는 작고, 하찮고, 깨끗해 보이지도 않는 저 행성이 '그분이 방문하셨던 곳'으로 명성이 높다고 했다.

"그러니까 우리의 위대하신, 영광스러운 왕께서 저 초라한 작은 행성으로 직접 내려가셨다는 말씀이세요? 그분이 왜요?"

어린 천사는 역겨움에 인상을 찌푸렸다.

"그분이 저 부유하는 행성을 기어 다니는 벌레 같은 피조물 중 하나가 되셨다고요? 그렇게까지 몸을 굽히셨다는 말씀이세요?"

"맞아. 그런데 그분은 네가 저들을 향해 '기어 다니는 벌레 같은 피조물'이라고 부르는 걸 좋아하지 않으실걸. 우리 눈에는 이상해 보여도 그분이 그들을 사랑하시거든. 그분은 저들을 그분처럼 되는 데까지 들어 올리시려고 그곳에 내려가셨던 거야."

어린 천사는 할 말을 잃고 멍하니 서 있었다. 그런 생각은
그의 이해를 넘어서는 것이기 때문이다.[5]

우리의 이해를 넘어선다고 해서 경험 너머에 있는 것은 아닙
니다. 하느님은 우리와 함께하십니다. 하느님 자신을 우리
에게 계시하시기 위해서 뿐 아니라 '우리를 위해' 그렇게 하
십니다.

매주 재소자들을 상대로 성서 공부를 하는 목회자에게 어
떻게 교도소 사역으로 부름을 받게 되었는지 물었던 일이 있
습니다. 그는 답했습니다. "저는 큰 신앙을 받지 못했습니다.
그리스도를 믿는 믿음은 제게 자연스레 찾아오지 않았어요.
그래서 저는 예수께서 계신 곳으로 가야 했습니다. 저에게는
제가 예수께 가까이 있다는 확신이 필요했습니다. 저는 교회
보다는 감옥에서 그분이 훨씬 더 가깝게 느껴지고 그분의 현
존이 더 잘 믿어집니다." 성육신이 참이 아니라면, 이 얼마나
기이한 신앙 고백입니까.

---

5   Philip D. Yancey, *The Jesus I Never Knew* (Grand Rapids: Zondervan, 1995), 28.

04

—

성육신의 빛 속에 있는 삶

'우리와 함께하시는 하느님'이라는 경이로운 진리 앞에 서서 그분을 마주하고도 변화되지 않을 수 있는 이가 있을까요? 세상을 비추는 빛이 비치는데도 거기에 응답하지 않을 이가 있을까요? 근본적으로 성육신은 복잡한 논증을 통해 증명되기보다 이 지상에서의 삶, 지극히 인간적인 삶, 신실한 삶으로 증명되는 것입니다. 우리 없이는 하느님이 되기를 거절하신 하느님, 그 거룩한 신비를 삶에 담아내는 것이지요. 줄리 골드Julie Gold의 '멀리서'From a Distance라는 유명한 노래에는 이런 가사가 나옵니다.

하느님께서는 우리를 보시지. 저 멀리서 우리를 보시지.

감동적인 가사입니다만 그리스도교의 주장과는 정반대되는 내용입니다. 그리스도교에서 "멀리서" 하느님을 바라보는 것은 '우리'니까요. 자신이 세워 놓은 벽 뒤에 쪼그려 앉아 잡다한 소유물을 움켜쥔 채 반짝반짝 윤이 나도록 닦은 자아상 뒤로 숨는 것은 '우리'입니다. 우리는 그분의 신성이 우리에게 다가오지 못하도록 안전한 곳으로 대피합니다. 그러나 하느님께서는 그리스도를 통해 우리에게 가까이 오시며, 한 사람 한 사람을 사랑하는 위험을 감내하십니다. 결국 이로 인해 우리는 그분을 십자가에 매달고 맙니다.

그리스도교 신앙은 하느님이 우리 일상의 잡다한 모든 것과 남김없이 관계하시며, 이를 위해 분투하시며, 대가를 치르신다는 것을 담대히 믿는 것입니다. 어떤 이들이 부르는 대로 '영성의 시대'Age of Spirituality라면 이는 진실로 놀라운 소식입니다. 다수가 "나는 종교적이지는 않은데 꽤 영적인 편"이라고 말하는 시대, 사실상 "내 종교는 모호하고, 내적이고, 천상적인 느낌 같은 거야. 나만 알게 숨겨 두려고"라고 말하는 시대에 하늘이 땅으로 내려왔다는, 천상의 것이 지상의 것에 포개졌다는 소식은 충격적이고도 놀랍습니다.

가장 안타까운 교회 중 하나였던 고린토 교회를 향해 바울은 외쳤습니다.

여러분은 자신이 하느님의 성전이며 하느님의 성령께서 자기 안에 살아 계시다는 것을 모르십니까? (1고린 3:16)

성육신하신 하느님을 만난 사람이라면 모름지기 이래야 합니다. 이 세상의 빛이신 그리스도께서 우리를 파송하셨습니다. 무지한 우리가 세상의 빛이 되도록 부르셨습니다(마태 5:14).

누군가 그리스도의 빛을 경험한다면 그 일은 '우리'를 통해 일어날 것입니다. 이 말씀을 통해 그리스도께서는 그렇게 암시하시는 듯합니다. 하느님을 보고자 하는 이는 그리스도를 통해 하느님을 보아야 하며, 세상이 그리스도를 알려면 그리스도의 증인들인 '우리'를 통해, '우리'에게 배워야 합니다. 사실 무시무시한 이야기입니다.

아내 팻시는 '제자 성경 공부' 모임을 인도하고 있습니다. 한 주 동안 레위기를 읽고 한 주간 읽은 내용을 나누는데 한 사람이 이렇게 물었다고 합니다. "하느님께서는 왜 고기를 어떻게 준비하고, 가축을 어떻게 하고, 여성들 월경 주기가 어떻고에 관심을 가지시는 걸까요? 그렇게 할 일이 없으신 가요?" 그러자 모임에 참석한 누군가가 이렇게 답했답니다. "저는 레위기가 지독할 정도로 이 땅의 것들에 집중해서 좋더라고요. 하느님께서 우리의 부엌, 화장실, 욕실에서 일어나는 일들에 관심이 있으셔서 다행이죠. 우리는 거기서 대부분의 시간을 보내니까요. 하느님께서 내 영혼만 원하시는 게 아니라는 게, 하느님을 섬기기 위해 교회에만 있어야 하는 게 아니라는 게 좋아요. 부엌 싱크대에조차 그분께서 우리와 함께하신다는 거니까요." 부엌의 냄비와 프라이팬, 식기세척기에도 나타나시니 우리는 그분을 피할 재간이 없습니다.

어떤 그리스도인들은 성탄절(성육신을 기리는 축제)을 무언가 신비로운 날, 특이한 날로 여기지만, 이는 기이한 일입니다. 또 어떤 이들은 의협심에 취해 성탄 시기를 너무 '물질적'으로 보낸다고 열을 내며 비판합니다. 하지만 성탄절은 지나치게 영적인 교회에게 그리스도교가 본래 물질적인 것임을 해마다 상기하는 축제여야 합니다. 그리스도교가 선포하는 하느님은 물질을 창조하셨을 뿐 아니라 성육신을 통해 스스로 물질이 되신 분이니까요.

살아계신 하느님이 나자렛 출신 유대인으로 오셨습니다. 몸으로 오신 하느님을 만난 후 우리는 하느님이 교회에도,

무료 급식소에도 계시리라 기대할 수 있게 되었습니다. 그 옛날 목자들이 그랬듯, 우리는 밤하늘 천상의 소리 중에 계실 뿐 아니라, 냄새 나는 소들이 있는 마구간에서도 계실 주님을 기대합니다. 나와 친한 성도뿐 아니라 내게 비호감인 사람들, 이민 정책을 두고 이견이 있었던 우파 정치인에게서도 예수의 형상을 보게 될 것을 기대하는 것입니다.

예수회 노숙인 쉼터에서 여름내 자원봉사를 했던 한 학생의 이야기입니다. 학생은 주 7일, 온종일 봉사를 했고 쉼터는 노숙인들에게 무료로 음식과 의료 지원, 상담을 제공했습니다. 그러던 어느 날 종일 녹초가 되도록 봉사를 하고 드디어 쉼터 문을 닫으려는 차에 창밖으로 허름한 가방을 메고 터덜터덜 쉼터를 향해 오는 한 여인이 보였습니다. "이제 그만! 문을 좀 닫으면 안 될까요?" 지친 학생이 외쳤습니다. "저분이 주님이실지도 모르잖니." 함께 종일 봉사를 한 늙은 수사는 그렇게 중얼거리며 한숨을 쉬고는 문을 열었습니다. 그렇게 그들은 곤경에 처한 동료 인간을 돕기로 했습니다. 이것이 성육신이 우리에게 요청하는 바입니다. 우리는 예수 때문에, 성육신 때문에 그렇게 합니다.

하느님께서 성육신하시지 않았다면, 하느님에게 얼굴도 이름도 없었다면, 하느님이 특정 시공간에 오시지 않았더라면, 그러한 하느님은 현실과 동떨어진 신, 우리가 길들이고 우리가 축조해낸 예수(톰 라이트는 이를 다빈치 코드 예수라고 부릅니다)에 불과했을 테고, 지금 여기에 어떤 도전도 주지 못했을 것입니다. 이 성육신을 이해하는 여정을 갈무리하기에 앞서 성육신 교리가 어떻게 우리 삶의 방식에 변화를 가져오며 우리에게 어떤 도전을 해오는지를 언급하고 넘어갑시다.

하느님께서 그리스도를 통해 나타나셨으니
우리는 어디에서나 하느님을 만날 수 있다고 기대할 수 있습니다

나자렛에서 무슨 선한 것이 나올 수 있겠소? (요한 1:46)

예수가 사람들 앞에 나타나자 사람들은 이렇게 조롱했습니다. 그러나 그분이 오셨습니다. 베들레헴처럼 특별할 것 없는 칙칙한 곳으로 성육신하신 하느님이 오셨습니다. 그렇기에 우리는 우리가 사는 이 누추한 곳으로도 하느님이 급습해 오실 수 있다는 기대를 품을 수 있게 되었습니다. 우리는 예수를 통해 그분이 우리를 전적으로 사랑하신다는 것, 움직이는 성소가 되기로 하셨다는 것, 가장 오실 것 같지 않은 곳, 가장 끔찍한 순간에 나타나셔서 우리와 관계를 맺으신다는 것들을 배웁니다. 이렇게 삼위 하느님은 가차 없으리만치 끈질기게 자신을 계시하십니다.

그리스도교 교리를 믿기가 어려우십니까? 너무 조급해하지 마십시오. 두세 사람이 그분의 이름으로 모인 곳에는 그분도 계십니다(마태 18:20). 마리아에게 나타나셨고, 바울과 마태오와 마르코와 루가에게 나타나셨던 예수가 분명 당신에게도 나타나실 겁니다. 신실한 제자가 되는 믿음, 그분의 사랑에 응답하는 능력은 성육신하신 하느님이 "우리 인간을 위하여, 우리의 구원을 위하여" 부어주시는 은총입니다.

저도 압니다. 우리는 종교가 우리의 일, 종교 예식, 선행, 고상한 사유, 고결한 감정에 관한 것이라는 사고에 익숙합니다. 하지만 그리스도교는 그런 것이 아닙니다. 성육신은 전적으로 하느님 편에서 시작된 선물입니다. 하느님과 우리의 관계는 그분이 친히 자신에게 부여하신 숙제입니다. 그리스도교는 그렇게 우리를 안심시킵니다. 예수를 통해 하느님께서는 약속하십니다. 하느님은 우리를 위한 하나님이 되기로 하셨습니다. 그분은 자신이 한 약속에 신실하십니다.

그들은 나의 백성이 되고, 나는 그들의 하느님이 될 것이다.

(예레 24:7)

이는 이스라엘이 가장 절박하던 시기에 받은 거룩한 약속이었습니다. 이 성육신적인 약속은 성서 전체를 관통할 뿐 아니라, 다음 주 저와 여러분의 교회에서도 유효합니다. 우리가 하느님에게서 멀어져 곁길로 벗어날 때조차 예수 그리스도 안에서 하느님께서는 우리와 관계를 끊지 않겠다고 하십니다.

성육신은 근래 횡행하는 "성공의 복음"에 도전장을 냅니다. 대중에게 널리 알려진 전도자 중 일부는 예수가 우리를 건강과 부와 걱정 없는 삶으로 인도한다고 노래합니다. 그들은 예수가 우리가 예수보다 더 원하는 그것(그것이 무엇이든)을 성취하게 해주는 효과적인 수단이라고 설파합니다. 하지만 성서는 그렇게 말하지 않습니다. 예수는 우리가 원하는 것을 얻는 도구가 아니며, 오히려 하느님께서 원하시는 바를 얻는, 하느님께서 임명하신 하느님의 도구입니다. 그는 우리를 축복하고, 우리에게 유익을 안겨 주려 왔을 뿐 아니라 우리를 자신의 제자로 임명하러 왔습니다. 예수는 "이 세상에서 성공하기 위해 나를 사용하렴. 나는 검증된 방법이란다"라고 말하지 않았습니다. 그는 이렇게 말했습니다. "나를 따르라. 그러면 네게 하느님을 위해 행할 깜짝 놀랄 임무를 주마."

위대한 선교사이자 주교였던 레슬리 뉴비긴Lesslie Newbigin에 관한 일화입니다. 어느 날 그는 한 박식한 힌두교인에게 성서를 건넸습니다. 몇 주 후 힌두교인은 성서를 돌려주며 이렇게 불평했다고 합니다. "이건 종교적인 책이 아니잖소. 하느님에 대한 언급도 거의 하지 않고 말이오. 평범한 사람들, 아니 나쁜 사람들 이야기만 잔뜩 있는데 이것이 그리스도교의 경전이라는 거요?" 하느님께서 마리아와 요셉과 베드로와 바울 같은 평범한 이들, 단점 많은 이들에게 나타나셔야 했다면 우리에게도 나타나실 수 있지 않을까요?

우리는 예수보다 더 영적이 될 필요가 없습니다

전능하신 하느님께서 예수 그리스도 안에서 우리의 육신을 취하심으로써 우리의 몸은 영원한 축복을 받았습니다. 이러한 맥락에서 처음 병원을 세운 이들, 현대 의학을 개척한 이들이 그리스도교인이었다는 것은 그리 놀라운 일이 아닙니다. 성육신을 통해, 인간의 몸과 물리적인 욕구들도 완전히 새로운 식으로 중요해졌습니다. 예수가 가난한 이들을 먹이고, 일용할 양식을 축복함으로써 이전에는 경제적인 문제였던 '양식'은 영적인 문제가 되었습니다.

플라톤은 인간이 최상의 상태가 되려면 몸을 넘어서야 한다고, 철학적 관조를 통해 이 부패하고 타락한 육신을 넘어서야 한다고 했지요. 그러나 성육신 신앙은 인간이 단순히 물리적인 몸 이상이기는 하지만 몸과 분리되어서도 안 된다고 믿습니다. 그리스도인은 몸과 분리된 영혼은 없고, 성육신이 없는 성령도 없으며, 몸이 없는 부활도 없다고 믿습니다. 예수가 육신을 갖고 있지 않았다면, 우리는 하느님께서 자신을 구체화하셨음을 알지 못했을 것입니다. 인류 역사의 어디쯤에서 하느님을 발견할 수 있는지, 어디에서 하느님을 찾아야 하는지도 몰랐을 테지요.

우리는 모든 피조물이 오늘날까지 다 함께 신음하며 진통을 겪고 있다는 것을 알고 있습니다. 피조물만이 아니라 성령을 하느님의 첫 선물로 받은 우리 자신도 하느님의 자녀가 되는 날과 우리의 몸이 해방될 날을 고대하면서 속으로 신음하고 있습니다. (로마 8:22~23)

바울은 교회를 묘사할 때 "그리스도의 몸"이라는 말을 가장 선호했습니다. 교회는 부활하신 그리스도께서 이 세계 속에 자리하시는 길, 우리에게로 성육신하시는 방법입니다.

때로 교회에 다니는 우리는 불평하곤 합니다. "교회가 예산을 우리가 거주할 곳을 유지하고, 조직 구조를 손보는 데에 소진하고 있어요. 그런 쪽의 예산을 늘리느라 정작 영적인 문제들, 우리가 원래 신경 써야 마땅한 것들에 신경을 쓰지 못하고 있어요." 하지만 우리가 우리 신앙이 담기는 물질적인 것들을 염려할 때, 어떻게 하면 교회 구조가 잘 작동할 수 있을지, 교회 조직을 좀 더 효과적으로 또 생산적으로 운영할 수 있을지 고민할 때 우리는 영적인 문제를 고민하는 것입니다. 영적인 문제가 따로 있는 것이 아닙니다. '영적인 지도자'로서 목회자가 해야 할 일은 회중에게 일어나는 세세한 일들에 관심을 기울이는 것, 자신이 인도하는 교회 안에서 구성원들이 구체적으로 서로 사랑하고 실질적으로 연합할 수 있도록 돕는 것입니다. 배고픈 이들의 꼬르륵 소리는 외면한 채 육체와 분리된 '영혼'에 관심을 기울이는 것이 영적인 것이 아닙니다. 주의 기도에서 예수도 우리에게 영혼의 용서를 구하거나, 유혹에서 건져주시기를 구하기 전에 "일용할 양식"을 구하라고 권고했습니다.

저는 설교자입니다. 설교문을 작성할 때 되도록 분명하게, 합리적으로, 논리적으로 내용을 전달하려 노력합니다. 하지만 성육신 신앙에 비추었을 때 설교문에 담긴 말들, 그 말들로 이루어진 글이 온전한 의미에서의 '설교'일 수 없음을 잘 압니다. 설교는 복음을 말로 전하는 것에서 멈추지 않고, 그 내용을 설교인인 저와 회중이 체화하고 행할 때만, 삶으로 육화할 때만 신실한 것이 될 수 있기 때문입니다. 예수는 그저 진리를 말했을 뿐 아니라 진리를 행했습니다. 그는 육신이 된 말씀이었습니다. 더욱이 그는 우리에게도 자신과 똑같이 하라고 명령했습니다. 그리스도에 관한 신앙은 일련의 영적인 명제들이 아니라 십자가에 달린 유대인과 몸으로 맺는 관계이자 실천입니다. 그는 우리가 걸어야 할, 걸으라고 명한 '길'이자, 우리가 몸으로 익혀야 할 '진리'이자, 우리가 살아야 할 '생명'입니다.

작가 플래너리 오코너Flannery O'Connor는 말했습니다.

나는 교회가 몸을 강조하는 것에 언제나 화들짝 놀란다. 교회가 부활하는 것이 영혼이 아니라 영화롭게 된 몸이라고 말한다는 것에.[1]

이러한 면에서 그리스도교 예술이 발달했다는 것은 그리 놀라운 일은 아닙니다. 성육신 신앙은 이를 구체적으로. 몸으

---

1 Flannery O'Connor, *The Habit of Being: Letters of Flanner O'Connor* (New York: Farrar, Straus, and Giroux, 1979), 17.

로 표현하려는 열망을 일으킵니다. 바로크 화가 페터 파울 루벤스Peter Paul Rubens가 그려낸 몸을 보고도 그것을 보기 전과 같은 방식으로 몸에 대해 생각하기는 어렵습니다. 예술가들은 물질들(물감, 돌, 나무, 흙)을 가지고 이 세계에 아름다움을 더함으로써 창조를 기립니다. 미켈란젤로Michelangelo, 라파엘로Raphael, 주르주 루오Georges Rouault의 작품들은 "말씀이 육신이 되는" 것을 믿는 신앙의 자연스러운 산물들입니다.

그러니 제가 쓴 이 미천한 산문보다 시가 성육신에 관해 더 잘 이야기해 준다 해도 그리 놀라운 일은 아닙니다. 여기서는 존 베처먼John Betjeman의 시 중 마지막 두 연을 함께 나눠 보려 합니다.

그게 진실일까?

그런 거라면

저 조잡한 사치품들을

사랑스레 끈을 묶는 손가락은 없다네

달콤하고 유치한 크리스마스 물건들

싸구려 향이 나는 배스 솔트

다정한 마음이 담겨 있으나 볼썽사나운 넥타이

가족들이 머무는 자리에 있는 사랑도

얼어붙은 공기 중에 울리는 캐럴도

첨탑을 흔드는 종소리도

하느님께서 팔레스타인에 인간으로 살았고

오늘 빵과 포도주 속에 살아 계시다는

단 하나의 진리에 비할 수는 없다네.[2]

예수처럼 말하고 행하시는 그 '하느님'

그리스도인은 하느님에 관한 비밀이되 열린 비밀을 알게 되고, 말하고, 행하는 사람입니다. 그 비밀의 내용은 하느님께서 예수 그리스도를 통해 세상과 화해하셨다는 것입니다. 우리 좋을 대로, 마음대로 하느님을 만들어내는 것이 아닙니다. 저 먼 곳에 계셨던, 미지의 하느님이 그리스도 안에서 우리가 교제할 수 있는 분, 우리와 함께하시는 분이 되셨습니다. 그리스도를 통해 알게 된 하느님에 근거할 때만 우리는 "하느님은 사랑"이라고 말할 수 있습니다. 예수는 행동으로 우리를 찾고, 구원하고, 자신을 희생하고, 고통을 감내하는 행동으로 하느님의 사랑을 보여주었습니다. 이러한 맥락에

---

2 John Betjeman, 'Christmas', *A Few Late Chrysanthemums* (London: Murray, 1955)

서 둔스 스코투스Duns Scotus는 우리가 하느님께 죄를 짓거나 그분께 반역하지 않았어도 우리에게는 십자가에 달리신 그리스도로 인한 화해와 용서가 필요하다고 말했습니다.

하느님은 여전히 우리를 위해 오시며, 여전히 우리를 사랑하십니다. 하느님은 우리 없이, 우리의 사랑과 찬미 없이 냉담하게, 하늘에 홀로 계시지 않기로 정하셨습니다. 그저 저 높은 곳에서 우리를 내려다보며 "사랑한다"고 말씀하지 않기로 하셨습니다. 하느님은 사랑의 화신으로, 몸을 입고, 지금 이곳에 나타나시고, 우리에게로 오십니다.

성육신이 있기에 그리스도인들은 자신의 욕망과 성향에 맞게 하느님을 빚으려 하지 않습니다. 오히려 우리는 우리의 욕망과 성향이 예수 그리스도로 인해 밝히 드러나신 하느님의 뜻대로 빚어지기를 기도합니다. "하느님은 누구신가"라는 우리의 큰 질문에 하느님이 친히 은총으로 답을 해 주셨습니다. 그렇다면 다음 질문은 "하느님이 누구이신지를 안 우리는 이제 어떻게 살아야 할 것인가?"이겠지요.

미국의 전 부통령 체니Dick Cheney가 '미국의 적들'에 대한 고문 사용을 옹호하자 제가 아는 평신도는 이렇게 말하며 그를 비판했습니다. "저는 고문에 반대합니다. 하느님의 독생자를 그렇게 고문해 죽였기 때문입니다." 이처럼 그리스도교 윤리의 근간에는 성육신이 있습니다. "예수님이야 원수들을 용서하셨겠죠. 하지만 그분은 하느님이고 우리는 하느님이 아니잖아요"라며 윤리적인 부담을 내려놓을 수는 없습니다. 예수도 세상을 사는 동안 용서와 비폭력을 훈련해야 했습니다. 그의 인간성은 가짜가 아니었습니다. 그는 솔선하여 원수를 용서하고, 우리에게도 자신과 같이 하라고 명령했습니다. 그가 걸어간 길과 그의 말은 하늘에서나 가능할 일이라며 묵살할 수 없습니다. 예수와 그의 말, 즉 말씀은 이 땅에 속해 있습니다.

복음은 '하느님께서 우리와 함께하신다'는 소식이자, '새로운 현실의 일부가 되라'는 부름입니다. 하느님께서 성육신하셨기에, 삼위 하느님께서 이 세상을 구원이라는 드라마를 펼치시는 무대로 삼으셨기에, 우리는 무대에 오르라는 영광스러운 초대를 받습니다. 그리스도인은 이 세상에서 펼쳐 나가시는 하느님의 구원 활동에 참여하도록, 온 세상을 향해 하느님이 우리와 함께하신다는 진리를 전하도록 초대받은 사람들입니다.

한 여성은 자신이 왜 매주 한 번씩 노숙인들의 식사를 섬기러 싱크대 앞에 서는지를 이렇게 설명했습니다. "저는 일주일에 한 번은 여기에 와서 설거지를 합니다. 노숙인들이 아침 식사를 마치고 남긴 그릇을 씻으러 오지요. 교회의 신도석에 앉아 있을 때보다 여기 이 싱크대에서 그리스도를 더 가깝게 느낍니다." 싱크대 앞에 서서 자신의 소명을 이야기하는 그때, 그녀는 저에게 살아있는 성육신의 현현이 되어 주었습니다. 이 땅에 오신 하느님도 집 없이 유랑하셨으니까요.

누군가는 정원을 가꿀 때 하느님의 임재를 느끼는 것 같습니다. 어느 정원에는 이런 표지판이 있더군요. "저는 다른 어느 곳보다 이 정원에 있을 때 하느님을 가깝게 느낍니다." 또한, 동료 인간들에게는 결코 보인 적 없는 애정을 자신의 반려동물에게 아무 거리낌 없이 퍼붓는 이들도 있습니다. 정원을 가꾸는 일도 좋고, 개와 고양이도 훌륭한 동반자가 되곤 합니다만, 그리스도인들은 다른 무엇보다 인간성을 통해서 하느님을 가까이 느끼고 그분과 관계를 맺는 사람들입니다. 하느님이 인간이 되셔서 우리와 관계를 맺으셨듯이 말입니다.

그리스도 안에서 하느님은 영원한 결정을 내리셨습니다. "나는 너의 하느님이 될 것이고 너희는 나의 백성이 되리라." 이 결단이 그리스도를 통하여 구체화되고 구현되었습니다. 하느님의 이 결단은 우리도 결단을 내리도록 촉구합니다. 빛이 세상을 바꾸는 현실에 참여할 것인지, 기어이 그 빛을 벗어날 것인지를 두고 우리는 결단해야 합니다.

하느님에 관한 진리, 우리에 관한 진실

성육신은 '예수가 하느님의 온전한 진리'임을 뜻합니다. 성육신으로 인해 우리는 우리가 좋을 대로 하느님을 빚어낼 수 없게 된 만큼이나 그분을 모호한 신으로, 저 먼 곳에 계신 우리와 무관한 무언가로 만들 수도 없게 되었습니다. 이 성육신은 그리스도교 신앙의 뿌리이자 모든 그리스도교 윤리의 근간이 됩니다. 성육신한 예수가 하느님이며 온전한 하느님입니다. 신학자 토머스 토런스Thomas Torrance가 즐겨 말했듯 예수 뒤에 숨어 있는 하느님 같은 것은 없습니다. 교회는 예수가 누구인지를 정의하지 않습니다. 오히려 교회가 예수에 의해 정의됩니다. 우리가 누구이며 무엇을 해야 하는지를 말해주는 이는 예수입니다.

감독으로 있을 때 신자들에게 이의 신청을 한 번 받은 적이 있습니다. 제 감독 아래 있는 목사 중 한 사람이 주일 예배 중에 오사마 빈 라덴을 위해 기도했다는 이유에서였습니다. 일부 교회 신자들은 이 때문에 잔뜩 화가 나 있었습니다. 저는 그 목사를 불러 어째서 그렇게 끔찍한 악당을 위해 기도했느냐고 물었습니다. 그는 답했습니다. "감독님, 저는 '원수를 위해 기도하고, 너를 박해하는 이들을 위해 기도하라'고 유대인들에게 말씀하신 그분이 하느님의 아들이라고 정말로 믿습니다." 예수 그리스도가 진실로 참 하느님이고 참 인간이라 믿는 것이 이렇게나 위험합니다.

예수는 하느님에 관한 진리이며, 온전한 진리이고, 오직 하나의 진리이며, 또한 우리에 관한 진리입니다. 성육신은 인간의 영예, 하느님의 형상이 새겨진 존재로서의 인간의 영예를 드러낼 뿐 아니라, 우리에게 새겨진 그분의 거룩한 인장을 우리가 훼손하고 왜곡하는 방식 역시 밝히 드러냅니다. 이것이 대림절 즉 성육신을 축하하는 절기가 또한 참회의 절기가 되는 이유 중 하나입니다. 참된 선인 예수는 우리의 악을 드러냅니다. 경건하고 헌신적이어서 하느님께 가장 가까우리라 여겨졌던 이들이 예수의 비유들에서는 하느님을 가장 오해하는 이들로 드러납니다. 우리는 우리가 이만하면 괜찮은 사람이라고 생각하곤 합니다. 하지만 십자가 발치에는 그런 우리가 있습니다.

하느님은 우리의 죄, 반역, 악을 내버려 두지 않기로 하셨고 이야기는 그렇게 끝나는 듯했습니다. 하지만 성육신을 통해 그분은 우리와의 관계를 복원하십니다. 그분은 그리스도 안에서 육신을 입으시며, 예수를 통해 가르치시며 예수를 통해 행동하시며 십자가에서 자신을 희생하셨습니다. 그리고 놀랍게 부활하셨으며 우리의 교회에 끝없이 계속 나타나십니다. 이 모든 것이 "우리와 우리의 구원을 위한" 그분의 활동입니다.

때로 그리스도인들은 하느님을 너무 경외해서, 저 높은 곳, 저 먼 곳에 그분을 올려다 놓느라 신앙을 일종의 무신론으로 변형시키곤 합니다. 다시 한번 말합니다. 우리의 그릇된 노력으로는 하느님께 닿지 못합니다. 하느님께서 우리에게 오셔야 합니다. 다행히도, 우리 하느님께서 우리를 불쌍히 여기시며, 우리를 돌보십니다. 하느님은 우리를 위해 행동하시며, 우리에게 다가오시며, 우리를 안으시고, 위험을 무릅쓰시며, 우리를 구원하시고, 우리를 부르십니다. 우리를 가까이하시며 인격적이고 친밀한 관계를 맺으십니다. 예수가 없다면 우리는 이러한 하느님에 대해 알 길이 없습니다.

성육신에는 진리가 인격적인 것이라는, 몸으로 구현되는 것이라는 암시가 담겨 있습니다. 그리스도교 신앙은 무엇입니까? "나는 길이고, 진리이고, 생명"이라고 말한 예수를 받아들이는 것입니다. 우리는 어떤 추상적 개념, 원리, 명제, 혹은 고대의 책을 예배하는 것이 아닙니다. 우리는 예수, 그분을 예배합니다. 그는 우리를 부르고, 잃어버린 양을 찾고, 식탁으로 우리를 초대합니다. 친구 라자로의 죽음 앞에서 흘린 눈물, 친숙한 비유, 무엇보다 십자가에서 버림받고 지른 비명은 깊고도 참된 인간성을 드러내며 우리의 인간성과 공명합니다. 동시에 이는 우리가 결코 잊을 수 없는 신비이기도 합니다. 예수는 인간의 본성을 온전히 드러내면서도 동시에 인간의 본성이 다른 무언가로 치환됨을 보여주기 때문입니다. 즉 그리스도께서는 인간이 됨으로써 신성을 밝히 드러내십니다. 이것이 바로 그리스도의 겸손입니다. 영웅이 되는 것, 프로메테우스와 같은 성취를 이루는 것, 지성을 과시하고, 권력에의 의지를 발휘하는 것이 '인간적인 것'이 아닙니다. 사랑과 겸손, 다른 이들의 필요를 섬기려 자신을 희생할 때 우리는 가장 '인간적'입니다. 예수는 그런 뜻에서도 참으로 인간이었습니다.

인간의 삶이 가치가 있는 이유는 그 자체로 가치 있는 것이기 때문이 아니라 하느님께서 인간을 가치 있게 여기시기 때문입니다. 우리가 사랑스럽기에 사랑을 받는 것이 아니라, 하느님께서 순수한, 무한한, 능동적인 사랑 그 자체이시기에 사랑을 받는 것입니다. 임신 중단, 사형, 전쟁, 폭력이 왜 문제가 됩니까? 하느님께서 어마어마한 시간을 들여 인간의 생명을 구원하셨다는 점을 생각하면, 하느님께 속한 것을 인간이 자의적으로 빼앗아서는 안 되기 때문입니다. 성육신을 통해 그분은 우리 각자의 삶과 연결되시며, 최악의 상황에 처한 가장 끔찍한 이들과도 연대하십니다. 그리고 온 세상이 듣도록 소리치십니다. "이 사람은 내 것이다."

말씀이 육신이 되다

바트 어만Bart Erhman 교수는 성서에 관해 쓴 최근 저서에서 이렇게 묻습니다.

철저히 인간적인, 때때로 부정확한 책을 기어이 믿겠는가?[3]

아마도 그는 성육신이 터무니없는 이야기라고 여기며, 이토록 인간적인 책, 성서에서 하느님을 발견한다는 그리스도인의 말이 도무지 이해가 안 된다고 생각했을 것입니다.

그리스도인인 우리는 철저하게 인간이었던, 참 인간이었던 예수를 통해 하느님을 만났기에 인간을 경멸하지 않으며,

---

3 Bart D. Ehrman, *Misquoting Jesus: The Story Behind Who Changed the Bible and Why* (San Francisco: HarperSanFrancisco, 2005), 231. 『성경 왜곡의 역사』(청림출판)

하느님께서 철저하게 인간적인 길을 통해 우리에게 나타나시기를 기대하는 법을 익힙니다. 성서는 신성과 인성을 연결합니다. 성서는 하느님의 말씀임과 동시에 인간의 말입니다. 성서는 하늘에서 뚝 떨어지듯 생겨나지 않았고 우리 주님께서도 그렇게 세상에 오시지 않았습니다. 이슬람교에서는 꾸란을 그런 책이라고 주장합니다. 하지만 그리스도인들은 성서에 대해 결코 그렇게 주장하지 않습니다. 우리의 신앙은 성육신 신앙입니다. 물론 신성과 인성의 결합이 무엇인지를 정의하기란 어렵습니다. 성서에 대해서도, 예수에 대해서도 마찬가지입니다. 그리스도인들도 성서에서 무엇이 신성한지, 무엇이 인간적인지 격렬한 논쟁을 벌일 수 있습니다.

하지만 그에 앞서 그리스도인들은 압니다. 각자의 삶을 통해 압니다. 그저 성서를 읽고 들으면, 지극히 인간적인 말을 듣고 따르면, 어느새 하느님의 말씀이 우리에게로 다가와 우리의 손을 잡고, 우리의 마음을 어루만지며, 단순한 인간의 말이 해줄 수 있는 것 그 이상으로 우리를 사로잡는 것을 경험합니다. 신비가 우리를 사로잡습니다. 그 신비는 정의하려 하기보다 음미하는 편이 현명합니다.

성서 근본주의가 범하는 전형적인 오류는 특정 단어와 구절을 하느님의 말씀과 동일시하는 것입니다. 성서 자유주의가 범하는 전형적인 오류는 인간의 말과 하느님의 말씀을 선명하게 구분하고 대비시키는 것입니다. 다시금 말하건대 그리스도인으로 사고한다는 것은 저 둘 사이의 연결, 동일시하지도 나누지도 않는 연결을 훈련하는 것입니다. 예수 그리스도는 참 인간이며 참 하느님이라는 것, 그러므로 하느님의 말씀도 그러하시다는 것을 훈련하는 것이지요.

성서에 기록된 어떤 말들, 그저 인간인 설교자의 입에서 나오는 말에도 때로 하느님의 활동을 통해 말씀이 육신이 되는 사건이 일어납니다. 다시금 "말씀이 너희가 듣는 가운데서 오늘 이루어졌다"(루가 4:21)는 선포가 들립니다. 말씀이 우리 안에 풍성히 살아있게 됩니다(골로 3:16). 우리가 살아있는 하느님의 말씀을 막아설 때조차 말씀은 우리를 향해 울려 퍼집니다. 우리가 성육신의 진리를 믿는 것은 그것이 '교리'여서가 아니라 우리 삶에 빈번히 일어나는 사건이기 때문입니다.

디트리히 본회퍼Dietrich Bonhoeffer는 대담하게도 말씀이 육신이 되신 것과 설교를 연결합니다.

선포된 말씀은 예수 그리스도의 성육신에 그 기원을 두고 있다. 그 진리는 한때 그렇다고 여겨졌던 것 혹은 개인이 경험한 바에서 기인하는 것이 아니다. ... 선포된 말씀은 성육신하신 그리스도 그 자체다. 선포된 그리스도는 역사적인 동시에 현재적이다. 선포된 그리스도는 역사적 예수에게로 연결된다.[4]

그러므로 선포된 말씀은 무언가를 표현하는 매개이기보다 그리스도 자신이 말씀으로서 회중을 향해 걸어오시는 것에 가깝습니다.

이 같은 맥락에서 본회퍼는 설교가 제대로 작동한다는 것은 그리스도께서 그의 백성 가운데로 걸어 들어오셔서 그들을 향해 말씀하시고, 그들에게 사명을 위임하시며, 평소 그분 방식대로 "나를 따르라"며 그들을 부르시는 것과 비슷하다고 말했습니다.

순전히 인간에 불과한 설교자의 지극히 인간적인 말, 설교를 두고 이토록 엄청난 주장을 하는 것입니다. 본회퍼는 그렇게 믿는다고 고백합니다. 그는 설교가의 재능에 근거해 이런 주장을 하는 것이 아닙니다. 그의 고백은 성육신을 통

---

4 Dietrich Bonhoeffer, *Worldly Preaching*, (Nashville: Thomas Nelson, 1975), 123.

해 그리스도 안에서, 그리스도를 통해 계시된 하느님에 관해 우리가 알게 된 바에 기반합니다. 하느님께서 끈질기게 우리에게 자신을 드러내시며 말씀하시기에 우리는 설교를 통해서도 그분께서 자신을 드러내심을 믿습니다.

> 하느님께서 예전에는 예언자들을 시켜 여러 번 여러 가지 모양으로 우리 조상들에게 말씀하셨습니다. 그러나 이 마지막 시대에 와서는 당신의 아들을 시켜 우리에게 말씀하셨습니다. 하느님께서는 당신의 아들을 통해서 온 세상을 창조하셨으며 그 아들에게 만물을 물려주시기로 하셨습니다.
>
> (히브 1:1~2)

성육신은 설교를 가능하게 하는 위대한 신비입니다. 설교는 하느님께서 일으키시는 사건, 경이로운 그분의 행동이며, 그 자체로 하느님의 말씀을 펼치시는 사건입니다. 하느님은 설교라는 수단을 통해 자신을 계시하시기로 선택하셨습니다. 설교가 작동한다면, 하느님의 은총으로 인해 그렇게 되는 것이며, 하느님이 주시는 선물이며, 예수가 성령으로 동정녀에서 태어난 사건과 다를 바 없는 기적입니다. 그리스도인들이 예수의 동정녀 탄생이나 그리스도의 부활과 같은 기적을 믿는 이유 중 하나는 이미 이와 유사한 차원 혹은 유사한 규모의 기적을 경험하며 살아가기 때문입니다. 설교를 들을 때 우리는 그러한 경험을 합니다. 우리는 종종 설교 중에 무언가 저 먼 곳에서 온, 우리 자신으로부터는 나올 수 없는 말씀이 우리의 귀에 들리는 것을 경험합니다. 신비로운 선물, 자격 없는 이에게 주어지는 선물, 기적입니다. 설교는 그 본질뿐 아니라 그것이 전달되는 수단에서도 신학적입니다. 설교는 놀랍게도 하느님에 관한 말이면서 또한 하느님에 의한 말씀입니다. 동시에 설교는 지극히 인간적인, 일상적인, 육적인 것입니다. 본회퍼는 말했습니다.

> 선포된 말씀은 인간의 본성을 품으신 그리스도와 같다. 이
> 는 ... 이 세계의 죄를 품으신 성육신하신 말씀이다.

아리스토텔레스는 인간을 언어를 사용하는 동물로 정의했습니다. 우리와 같은 '동물'에게 말씀하시기 위해 하느님은 성서에 담긴 말씀으로 혹은 설교로 구현되셔야 했고, 몸을 숙여 우리의 본성을 맡으시고, 육신을 입는 위험을 감수하셔야만 했습니다. 책임감이 덜한 신, 자신의 안위를 추구하는 신, 자기 좋을 대로 하는 신이었다면 우리와 교류하는 위험

을 무릅쓰기보다는 조용히 있는 편을 택했을 것입니다. 우리와 교류한다는 것은 이 세계의 죄를 떠맡는 일이며, 진리를 피해 달아날 위험에 엮여 드는 위험을 감수하는 일이기 때문입니다. 그리스도께서 우리에게 말씀하지 않으셨더라면, 아마도 그분은 십자가에 달릴 이유가 거의 없었을 것입니다. 그분의 설교는 어떤 의미에서 우리의 가장 추악한 면모를 끌어내기 때문입니다. 예수가 하느님에 관한 진리를 우리에게 말하면, 우리는 그 말로 인해 그를 증오합니다. 그렇게 우리는 십자가에 그를 못 박습니다. 하지만 부활한 예수는 다시금 제자들과 대화를 재개합니다. 우리와 하느님 사이의 대화는 하느님께서 끝났다고 할 때까지 끝난 것이 아닙니다.

> 주님께서 나의 앞뒤를 두루 감싸 주시고, 내게 주님의 손을 얹어 주셨습니다. 이 깨달음이 내게는 너무 놀랍고 너무 높아서, 내가 감히 측량할 수조차 없습니다. (시편 139:5~6)

탁월한 설교가로서 '황금의 입'이라는 별명을 갖고 있던 요한 크리소스토무스John Chrysostom는 자주 성육신을 두고 하느님께서 은총으로 우리의 신화deification를 가능케 할 정도로 자신을 낮추신 사건이라 말하곤 했습니다. 우리를 너무도 사랑

하신 하느님께서 우리가 있는 곳으로 친히 내려오신, 우리의
말로 말씀하신, 우리의 걸음을 걸으신 사건이라는 것입니다.
우리처럼 이해력에 한계가 있는 존재조차 하느님을 알 수 있
도록 하시려고 하느님께서 자기 자신을 우리 수준으로 낮추
셨다고 그는 설명했습니다. 이처럼 계시란 그분의 자애로움
과 이어져 있습니다. 우리가 하느님에 관해 알고, 하느님의
말씀을 듣는 것은 오직 은총 가득한 그분의 선물입니다. 이
러한 맥락에서 크리소스토무스는 창세기 3장 8절을 해설하
며 말했습니다.

> 그들은 (심지어) 주 하느님께서 동산을 거니는 소리를 들었
> 습니다.

크리소스토무스에 따르면 이는 그분의 자애로움, 온갖 위험
을 감수하고 동산을 한가로이 거니는, 우리가 이해할 수 있
는 언어로 이야기하시는 하느님의 경이로움을 보여줍니다.
이렇게 하느님께서는 우리의 수준으로 내려오셨습니다.

설교자들은 설교를 통해 말씀을 상연함으로써 회중이 세
상에 그 말씀을 펼쳐낼 길을 찾고자 합니다.

여러분은 그리스도의 몸입니다. (1고린 12:27)

또한, 설교자들은 현실 교회가 어떤 모습이든, 교회는 근본적으로 부활하신 그리스도의 몸이라는 경이로운 진리를, 그리스도께서 이 세상에서 교회를 자신의 몸으로 취하기로 하셨다는 경이로운 진리를 압니다. 설교자들은 몸들을 향해 설교하여 그들이 그리스도의 몸이 되도록 합니다.

들어라. 내가 문밖에 서서 문을 두드리고 있다. 누구든지 내 음성을 듣고 문을 열면 나는 그 집에 들어가서 그와 함께 먹고, 그도 나와 함께 먹게 될 것이다. (계시 3:20)

예수의 어린 시절에 관한 이야기를 들려주는 복음서는 루가복음서뿐입니다(루가 2:41~52). 이 복음서는 하느님의 "사랑받는 아들"(루가 3:22)이 열두 살 소년이 된 모습을, "지혜"가 자랄 수 있는 학생, 배우는 자, "하느님과 사람 앞에 사랑스러워" 가는 사람인 소년 예수 이야기를 전합니다.

예수의 부모는 해마다 유월절에 예루살렘으로 갔다. 예수가 열두 살이 되는 해에도, 그들은 절기 관습을 따라 유월

절을 지키러 예루살렘에 올라갔다. 그런데 그들이 절기를 마치고 돌아올 때에, 소년 예수는 예루살렘에 그대로 머물러 있었다. 그의 부모는 이것을 모르고, 일행 가운데 있으려니 생각하고, 하룻길을 갔다. 그 뒤에 비로소 그들의 친척들과 친지들 가운데서 그를 찾았으나, 찾지 못하여, 예루살렘으로 되돌아가서 찾아다녔다. 사흘 뒤에야 그들은 성전에서 예수를 찾아냈는데, 그는 선생들 가운데 앉아서, 그들의 말을 듣기도 하고, 그들에게 묻기도 하고 있었다. 그의 말을 듣고 있던 사람들은 모두 그의 슬기와 대답에 경탄하였다. 그 부모는 예수를 보고 놀라서, 어머니가 예수에게 말하였다. "얘야, 이게 무슨 일이냐? 네 아버지와 내가 너를 찾느라고 얼마나 애를 태웠는지 모른다." 예수가 부모에게 말하였다. "어찌하여 나를 찾으셨습니까? 내가 내 아버지의 집에 있어야 할 줄을 알지 못하셨습니까?" 그러나 부모는 예수가 자기들에게 한 그 말이 무슨 뜻인지를 깨닫지 못하였다. 예수는 부모와 함께 내려가 나사렛으로 돌아가서, 그들에게 순종하면서 지냈다. 예수의 어머니는 이 모든 일을 마음에 간직하였다. 예수는 지혜와 키가 자라고, 하느님과 사람에게 더욱 사랑을 받았다. (루가 2:41~52)

이런 소년보다야 꼭 껴안을 수 있는 아기 예수만 받아들이는 것이 더 쉬울지도 모르겠습니다. 하느님이 자라고, 배우고, 부모와 상호작용을 한다니요. 이런 예수의 모습은 하느님에 관한 우리의 예상을 벗어나며, 그래서 우리의 가슴을 철렁하게도 합니다. 어린 예수는 어른들에게 묻기도 하지만, 그들에게 답을 하기도 합니다(2:46~47). 하물며 그리스도께서도 이렇게 자라셨는데 (성육신을 붙드는 곤란한 수고를 감당하려 하지 않듯이) 일부 그리스도인이 성장하기를, 배우기를 꺼리는 모습은 안타깝기 그지없는 일입니다.

아들을 잃어버린 줄 알고 혼비백산한 부모에게 한 어린 예수의 대답은 예수의 인간성을 더욱 강조해줍니다. 예수는 마리아와 요셉에게 성전에 더 머물 생각이라는 이야기를 하지 않았습니다. 나머지 가족들은 집으로 돌아가고 있는데 아무 말 없이 성전에 남아 있었습니다. 뒤늦게 아들이 없는 것을 알고 정신없이 달려와 그를 찾아낸 부모님에게 예수는 이렇게 응대합니다. "제가 아버지의 집에 있어야 하는 줄 모르셨습니까?"(루가 2:49) 루가가 이러한 기록을 남겼다는 것은 놀라운 일입니다. 루가는 분명 예수를 오래도록 기다려온 메시아이자 하느님의 아들, 세상을 구원할 분으로 그리려 했음이 분명합니다. 하지만 그럼에도 불구하고 그는 이제 갓 10

대가 된 이 조숙한 아이의 견디기 힘든 면모, 가족 안에 긴장과 갈등이 고조되는 상황을 굳이 기록했습니다. 그런데 이 가족 어디서 많이 본 것 같지 않나요?

2세기, 이레네우스Irenaeus는 예수 안에서, 예수를 통해 하느님께서 인간이 겪는 인생의 다양한 계절을 몸소 거치며 살아내셨다는 사실, 그분이 그렇게나 우리에게 가까이 다가오셨다는 것에 경이로워했습니다.

> 그분은 자신(예수)을 통해 만물을 구원하러 오셨다. ... 영아, 어린이, 소년, 청년, 노년 모두를. 그렇기에 그분은 인생의 모든 단계를 거치셨다. 그분은 참으로 아기가 되셨다. 그렇게 아이 됨을 거룩하게 하셨다. 참으로 어린이가 되셨으며 그렇게 어린이 됨을 거룩하게 하셨다. 또한, 자녀와 부모가 나누는 애정의 본보기가 되셨다. 참으로 청년이 되셔서 청년다움이 무엇인지를 보이시고, 청년 됨을 거룩하게 하셨다.[5]

루가는 예수가 그의 부모와 성전에 갔던 이야기를 "예수는

---

5 Adv. Haer. II. 22.4.

부모와 함께 내려가 나자렛으로 돌아가서, 그들에게 순종하면서 지냈다"로 마무리 짓습니다. 아마도 조숙했던 예수는, 그럼에도 여전히 자기 부모에게 순종했던 것 같습니다. 즉, 예수의 신성은 예수가 자기 부모를 공경하는 일을 막지 않았습니다. 또한, 루가는 마리아가 그날 사건에서 예수가 한 말에 어리둥절하면서도 "그 일들을 마음에 간직했다"고 기록합니다. 예수는 마리아의 아들이면서 그녀의 아들 이상이었습니다. 일찍부터 통찰력이 있었던 그녀는 그것을 알았습니다. 마리아에게 예수는 아들이면서 하느님께 독특한 소명을 받고, 사랑을 입은 자였습니다. 예수의 어머니였던 그녀 또한 예수에 대한 이해가 자라야 했습니다.

루가 복음서 2장은 예수의 어린 시절을 엿볼 수 있는 희귀한 기록입니다. 우리가 오늘날에는 '성육신'이라고 부르고 있는 예수의 면모, 그 복잡한 면면을 루가는 이토록 탁월하게 그려냅니다. 행성의 궤도를 운행하시며, 하늘에 별을 만드신 하느님이 예수라는 한 사람으로 우리에게 오셨습니다. 보편적이거나 일반적인 무엇이 아닌, 이스라엘 신앙에 충실했던 한 가족에게서 난 작은 아이로, 이스라엘이라는 한 민족의 염원, 그 민족을 향한 하느님의 약속을 성취하는 자로 그렇게 오셨습니다. 우리가 그렇듯 부모의 보살핌 속에 자라났고, 성서를 배웠으며, 키와 지혜가 무럭무럭 자라났으며, 누군가에게는 사랑을, 누군가에게는 살인적인 적대를 받았습니다. 그는 참으로 인간이었고, 진정으로 우리 중 하나였습니다. 우리의 일상적인 갈등과 긴장을 그분도 겪으셨음을 깨달아 우리는 그분을 우리 중 하나로 식별할 수 있습니다.

동시에 예수 그리스도는 참으로 하느님이십니다. 그렇기에 우리는 그분을 단숨에 이해할 수 없습니다. 그분을 알기 위해서는 그분과 함께하는 시간이 필요합니다. 하느님이신 그분조차 우리를 위해 시간을 들이셨으니까요.

복음서에 나타난 그분을 이해해가며, 세상 속에서 그분을 따르려는 가운데, 교회에서 드리는 예배를 통해, 그분에 대한 우리의 이해는 점점 자라납니다. 그분에게 가까이 다가갈수록 하느님을 향한 경이로움은 커지기만 할 것입니다. 하느님과 함께하는 삶은 언제나 우리의 상상 이상입니다. 우리를 향한 그분의 사랑은 무궁무진하며, 타오르는 갈망으로 우리를 소유하십니다. 이것이 우리의 유일한 희망입니다.

듀크 대학교 교목으로 있을 때 겪은 한 일화입니다. 보기에 따라 듀크 대학교의 가장 좋은 시간이기도 한 크리스마스이브는 실은 위기의 순간 중 하나였습니다. 장엄한 고딕 양식으로 지은 예배당에 가득한 장식, 반짝반짝 빛나는 촛불,

회중이 가득한 예배당, 세 번의 예배... 멋진 시간이 틀림없었지요. 하지만 제 눈에 듀크 대학교 크리스마스이브 행사는 좀 과해 보였습니다. 사람들이 서로를 밀치며 예배당에 먼저 들어오려고 하는 모습은 크리스마스이브에 교회에 온 것이 아니라 꼭 블랙 프라이데이 세일 매장에 온 사람들 같았습니다. 이 광경을 보며 저는 중얼거렸습니다. "이 사람들은 자기가 여기 왜 있는지도 모르고 있어." 전 세계에서 만여 명의 사람들이 예배를 드리기 위해 모였습니다. 이동에만 몇 시간을 들인 이들도 있었습니다. 그러고도 자리에 앉기 위해 또 몇 시간이나 줄을 서야 했습니다. 예배당 문이 열리자 자리를 잡으려 서로 누르고, 밀치고, 앞을 다투어 뛰는 광경이 펼쳐졌습니다. 아기들은 빽빽 울고, 한동안 예배를 드리지 않고 지냈던 것으로 보이는 이들이 젊은이, 늙은이 할 것 없이 모두 예배당에 헐레벌떡 뛰어 들어왔습니다.

성가대가 "그 옛날 다윗의 동네에"를 부르기 시작하는데도 불을 붙이고 담배를 피우는 이들도 있어 "건물 안에서 담배를 피우시면 안 됩니다"라고 말해야 했습니다. 어째서 그 많은 인파가 몰린 것일까요? 연례행사처럼 크리스마스이브만큼은 꼭 교회에 가겠다는 그 열망의 정체는 무얼까요? 물론 듀크 대학교 예배당이 아름답다는 것과도 무관하지는 않을 터입니다. 거리에 흘러넘치는 크리스마스 분위기도 한몫을 했을 테고요. 그럴 것입니다. 하지만 크리스마스이브에 듀크 대학교 예배당에서 일어나는 이 현상을 제대로 해명하기에는 역부족입니다.

어쩌면 말입니다, 그들도 알았던 게 아닐까요? 크리스마스이브에 몰려든 군중이 비록 함께 "오 베들레헴 작은 골"을 부르지는 못했어도, 그리스도교 신학에 대해 거의 아는 게 없어도, 그리고 성육신 교리에 대해 모르더라도, 그럼에도 그들은 교회가 기념하는 그 좋은 소식이 '우리를 위한 좋은 소식'이라는 막연한 감은 있었던 게 아닐까요.

교회는 대체로 그들의 삶과 동떨어져 있고, 그들의 필요를 알지 못하는 것처럼 보였을 것입니다. 그리스도교 신앙은 복잡하기만 하고, 자신들을 정죄하는, 불가사의한 것이었을 테지요. 하느님은 저 먼 곳에 있는 모호한 수수께끼에 불과했을 것입니다. 그러나 그 밤, 한 젊은 설교자가 "말씀이 육신이 되어 우리 가운데 사셨다"라고 말할 때, 막연하고 모호하게나마 그들의 깊은 곳에서 이 선포가 하느님께서 그들에게 주시는 말씀임을 이해했던 것이 아닐까요. 하느님에 관한 진리는 그분이 우리를 위하신다는 것입니다. 사랑이 이 세상을 움직입니다. 언제나 그렇습니다. 우리의 운명은 망각이 아니라 교제입니다. 예수 그리스도는 우리와 함께하시는 하느님이십니다.

크리스마스이브에 인파가 몰려든 것은 이 때문입니다. 그들이 노래하며 눈물을 흘린 것도 이 때문입니다. 성육신의 경이가 왜 그처럼 마음 깊은 곳을 울리는지 온전히 설명하지는 못하는 순간에도 그렇습니다.

그리스도께서는 우리를 추적해 오시고, 우리와 인간성을, 그 깊이와 높이를 온전히 공유하시며 우리를 찾아오시고, 우리를 살피시며, 우리의 필요를 아시고, 우리 자신도 용서할 수 없는 죄를 용서하심으로 우리가 진정으로 그분을 찾을 방법을 우리에게 주셨습니다. 사랑으로 우리를 찾아오셔서, 우리를 부르시고, 그분을 따를 수 있는 은총을 우리에게 주셨습니다. 그렇게 그리스도의 구원 활동은 완성에 이릅니다. 베들레헴 외양간에서 시작되었고, 그분의 연민 어린 이적과 기사에서 선명히 나타났으며, 갈보리와 골고다의 지옥을 견디신, 영광스러운 부활로 인해 완성된 그 활동이 지금 여기에서도 이어지고 있습니다. 창조의 경이가 회복되고, 하늘과 땅이 한데 어우러져 불가분의 연합을 이룹니다. 하느님께서 우리와 함께하시기에 우리도 하느님과 함께 있습니다.

이것이 그리스도인들이 이 세계를 향해 전해야 할 가장

중요한 말입니다. 우리는 이 성육신의 장엄함을 선포하는 사
람들입니다.

· 『성육신』, 알리스터 맥그래스 지음, 이용중 옮김, 부흥과개혁사, 2007.

예수를 어떤 식으로 생각하는 것이 복음서의 기록에 가장 충실한 것일까요? 예수를 어떻게 묘사하는 것이 예수가 사람들에게 끼친 영향에 대한 신약의 복합적인 증거를 수호하고 담아내는 데 가장 적합할까요? 교회는 예수를 이해하고 씨름하면서 그분의 정체와 의미를 온전히 이해하기란 불가능함을 점점 고통스럽게 자각했습니다. 우리는 그분의 의미를 구체화하고 인성과 신성의 관계를 그려 놓은 복잡한 지도 위에 그분의 위치를 정하는 가장 좋은 방법이 무엇인지에 초점을 맞추어야 합니다.

성공회 복음주의 신학자이자 역사신학자인 알리스터 맥

그래스가 그리스도교의 주요 주제(창조, 성육신, 구속, 부활)들을 그리스도교 명화들과 연결해 설명한 '진리와 그리스도교의 상상력'Truth and the Christian Imagination(한국에는 '명화로 보는 기독교 기본 진리' 시리즈로 소개되었다) 시리즈 중 '성육신' 편. 성육신으로서의 예수의 면모를 단테 가브리엘 로제티Dante Gabriel Rossetti, 안토니 반 다이크Anthony van Dyck, 야코포 바사노Jacopo Bassano, 빈센트 반 고흐Vincent van Gogh, 모리스 데니스Maurice Denis의 작품들과 함께 살피고 있다.

'성육신'의 1차 의미는 '신적인 존재가 육신을 입고 인간이 된 사건'이며 특히 그리스도교에서 이는 '하느님이 육신을 입고 나자렛 예수라는 인간이 된 사건'을 가리킨다. 맥그래스는 이를 이해하기 위해서는 "신앙적 상상력과 지성을 모두 동원"해야 하며, "우리의 편견과 선입견을 한쪽에 접어두고, 제자들이 보고 들은 내용, 즉 그들이 그토록 분명하게 우리에게 전해 주기를 원했던 사건과 행적에 관심을 집중할 것을 요구"한다고 말한다. 이러한 문제의식 아래 성육신으로서 예수의 면모를 7개의 장('예언의 성취', '구주의 탄생', '제자들의 부르심', '권세 있는 스승', '죄인의 친구', '길, 진리, 생명', '성육신')에 걸쳐 살핀다.

예수의 행동과 예수의 정체 사이의 관계 … 예수의 놀라운 행적은 우리에게 어떤 식으로 실제로 그분이 누구인가에 대한 실마리를 제공합니까? 이 질문이 바르게 답변하기 위해서는 예수가 행하고 말한 일, 예수가 겪은 일 및 예수가 사람들의 삶과 생각에 끼친 영향에 대한 복음서의 모든 이야기를 경청해야 합니다.

성육신에 대한 깊은 논의를 다룬 책은 아니지만, 성육신의 주요 내용을 다루고 게다가 이에 대한 이해를 돕는 다양한 미술 작품들, 찬송, 시를 소개하고 있어 평신도들이 이 주제에 생각해보고자 할 때 먼저 살필 만한 책으로 충분한 가치가 있다. 좀 더 깊이 들어가고자 하는 이들을 위해 책 맨 뒤에 제시한 '더 읽을거리' 역시 유용하다.

· 『예수의 의미 – 역사적 예수에 대한 두 신학자의 논쟁』, 마커스 버그, 톰 라이트 지음, 김준우 옮김, 한국기독교연구소, 2001.

우리는 보다 구체적으로 예수에 대한 서로 다른 이해가 예수에 대한 서로 다른 이해가 그리스도교인의 생활에 대한 서로 다른 비전과 어떻게 연결되는가 하는 매우 중요한 물음을 제기하기를 희망한다. 교회 안에서 정의, 영성, 목회적 돌봄 등의 문제들을 예수 물음과 연결하지는 않고 있다. 우리는 이런 연결 작업이 진행될 수 있는 방식들을 제안하고자 한다. … 우리 두 사람 가운데 한 사람이 어떤 영역에서는 보다 진리에 가깝고 다른 영역에서는 다른 사람이 보다 진리에 가까울 수도 있어서, 우리의 대화를 통해 상대방이 좀 더 정확하게 파악한 것을 통해 우리가 좀 더 분명하게 이해할 수 있을 것이다. 우리는 모두 그런 결말에 대해 마음을 준비하고 있다.

이른바 '역사적 예수 연구'와 관련해 진보 진영과 보수 진영을 대표하는 학자인 마커스 보그와 톰 라이트가 예수를 두고 벌인 논쟁을 엮은 책. 총 8개의 주제('예수에 관해 어떻게 알 수 있는가?', '예수는 무엇을 하였으며 무엇을 가르쳤는가?', '예수의 죽음', '하느님이 예수를 죽은 자들로부터 살리셨다', '예수는 하느님이었는가?', '예수의 출생', '그는 영광 중에 다시 오실 것이다', '예수와 그리스도교인의 생활')에 대한 두 사람의 견해를 나란히 묶어 놓았다.

대학교에서 같은 교수(조지 캐어드George Caird)에게 배웠고 그에게 깊은 영향을 받았지만, 이후 두 사람의 행보는 달랐다. 미국 중서부 전통적인 루터 교회에서 자랐던 마커스 보그는 역사적 예수 연구에 뛰어들어 널리 알려진 예수 세미나의 주요 구성원으로 활동했고 이후에는 대중을 위한 (그리고 자신의 예수 연구에 바탕을 둔) 그리스도교 신학 저술에 힘쓴 '진보적인 성공회 평신도 신학자'가 되었으며, 톰 라이트는 바울 연구로 시작해 예수 세미나를 포함한 회의주의, 혹은 진보적인 역사적 예수 연구에 제동을 거는 방식으로 역사적 예수를 바라보는 전통적인 관점을 (새로운 방식으로) 옹호한 뒤 대중을 위한 그리스도교 신앙 저술을 병행하는 '성공회 복음주의 주교이자 신학자'가 되었다. 둘 모두 신앙의 양극단(급진주의나 근본주의)과는 거리를 두고 있고 통념적인 진보, 보수와 완전히 일치하지는 않지만 둘이 예수를 향해 접근하는 방식은 사뭇 다르다. 보그가 그리는 예수상은 영의 사람, 치유자, 지혜의 교사, 사회적 예언자라면 라이트가 그리는 예수상은 유대 신앙의 범주들에 비추어 이해된 메시아, 하느님 나라의 예언자다. 이런 상을 구성하기 위해 채택한 방법론역시 일정한 차이가 있다. 그리고 이렇게 자신의 예수 탐구를 추동한 믿음, 그에 따른 결과는 고스란히 저 8개의 주제에 대한 '일정 부분 겹치면서도 다른' 대답을 제시하게 한다. 이를테면 톰 라이트는 예수가 "자신이 이스라엘의 메시아이며, 이스라엘의 오랜 역사의 초점이며, 자신을 통해 이스라엘의 하느님이 마침내 그들의 포로 생활과 죄를 처리하고 오랫동안 기다려왔던 구원을 가져올 사람이라고 믿었다"고 보나 보그는 "그랬을 가능성도 있지만 그것을 아는 것이 어느 정도의 개연성을 지니기에는 매우 어려우며, (긍정과 부정) 둘 가운데 선택을 하자면, 아마도 그렇지 않았을 것"이라고 본다. 출생 이야기를 두고 보그는 "동정녀 임신이 역사적이라고 생각하지 않으며, 또한 특별한 별이나 동방박사, 목자들, 혹은 베들레헴 말구유의 출생은 없었다"고, 이 이야기들은 "역사적 보도가 아니라 문학적 창작", "은유적 이야기"라 말하고, 톰 라이트는 문자 그대로의 역사적 사실이라고 단정하는 것은 피하되 보그처럼 예수 탄생 이야기를 순전히 "역사화된 은유"로 보는 것 역시 경계한다.

둘은 각기 현재 그리스도교 신학 안에서 진행되고 있는 어떤 흐름을 대표하며, 이 흐름들은 때로는 충돌하고 때로는 겹치며 계속 진행되고 있다. 여기서 섣불리 한쪽의 편을 들기보다는 지적 정직함을 잃지 않으면서도 각기 다른 방식으로 '예수 그리스도', 그리고 이 '예수 그리스도로 인해 등장한 그리스도교'와 예수 그리스도의 관계에 대해 나름대로 이해할 수 있음을, 그리고 이 관계에 대한 이해를 바탕으로 각기 다른 방식으로 '그리스도인은 어떻게 살아야 하는가?'라는 질문에 응답할 수 있음을 알고 독자 자신의 신앙 여정에 참고자료로 삼는다면 훨씬 더 큰 도움을 받을 수 있을 것이다.

- 『예수, 역사와 만나다 - 인류가 역사 속에서 이해하고 표현한 예수의 모습들』, 야로슬라프 펠리칸 지음, 민경찬, 손승우 옮김, 비아, 2019.

"어제나 오늘이나 영원히 한결같은 분"이라는 표현은 시간이 흐르며 형이상학적이고 신학적인 의미를 갖게 되었다. 이러한 가운데 "한결같다"는 말은 예수 그리스도가 영원한 존재, "결코 변하지 않는 하느님의 형상이므로 결코 변하지 않는다"는 뜻을 얻게 되었다. 그러나 이 책의 목적, 그리고 주된 관심사는 위 구절의 형이상학적이고 신학적인 의미가 아니라 역사적 의미다. 역사를 애써 다 살피지 않아도 시대에 따른 예수상들을 보면 (혼란스러울 정도로) 가장 두드러진 특징은 '한결같음'이 아니라 '변화무쌍함'이기 때문이다. ... 이 책은 바로 저 예수상의 역사, 1세기부터 20세기까지 나타난 예수상들의 역사를 다룬다. 슈바이처가 말했듯 각 시대는 자신의 특성에 맞추어 예수를 그림으로써 자신의 특징을 드러냈다. 그러므로 이 책에서는 각 예수상을 그 예수상이 속한 시대의 역사적 맥락에 비추어 살펴보고자 한다. 각 시대의 정황이 그 시대의 예수상에 어떠한 영향을 미쳤는지를 헤아려 보는 것이다. 시대마다 예수의 생애와 가르침은 인간의 실존과 운명에 관한 가장 근원적인 물음에 답을 제시했다. 각 시대의 사람들은 복음서가 전한 예수라는 인물에서 자신들이 던진 질문에 대한 답을 찾았다.

20세기 가장 탁월한 교회사가로 평가받는 야로슬라프 펠리칸의 대표작 중 하나로 1985년 처음 출간한 이래 영어, 프랑스어, 독일어, 이탈리아어, 스페인어, 러시아어, 일어 등 12개 언어로 번역된 예수에 관한 해석사, 문화사의 고전이다. 미국 개신교 잡지 크리스채너티 투데이에서 선정한 20세기의 고전 100선에 오르기도 했다.

이 책에서 펠리칸은 복음서부터 슈바이처의 저명한 예수에 관한 연구서에 이르기까지, 비잔틴 모자이크화부터 다빈치의 최후의 만찬을 거쳐 현대 화가의 작품들에 이르기까지, 교부들의 문헌부터 도스토예프스키의 소설에 이르기까지, 그리스도교 교회의 역사, 교리사는 물론 온갖 문학 작품들, 음악 작품들, 미술 작품들을 살피며 예수가 이 땅에서 활동한 이후 인류가 그를 어떻게 이해하고 또 표현했는지를 다룬다. 그리하여 "예수 그리스도의 의미를 서술하는 방식"의 "분명한 연속성"과 "연속성 못지않은 불연속성"을 통해 그가 어떻게 인류사의 결정적인 인물이 되었는지, 그를 '주님'으로 고백하지 않는 이라 할지라도 그의 영향권 아래 있게 되었는지를 기술한다.

로마 제국에 속해 지리적으로 더 넓은 시야를 갖고 있던 이들은 예수가 "이 땅 구석진 어딘가에서" 모습을 드러내기는 했지만 진짜 세상에 나타난 적은 없다며 조롱했다. 그러나 '나자렛 예수'가 시골 사람이었을지언정 '예수 그리스도'는 온 세계에 속한 이다. 지리적으로 더 넓은 시야를 갖고 있던, 이방 종교에 속해 그를 폄하하던 이들, 혹은 그리스도교에 속해 있던 사도행전 저자가 상상할 수 있던 영역을 훌쩍 넘어 예수의 이름은 "이 땅 구석진 어딘가에서"부터 퍼져나가 "땅끝에까지" 나아갔다.

예수가 어떠한 삶을 살았는지, 그가 구체적으로 어떤 가르침을 전했는지를 다루는 책은 많다. 하지만 그러한 그의 삶과 가르침이 인류사에 어떠한 영향을 미쳤는지를 학문적 엄밀함과 상상력이 조화를 이루며 다룬 저작, "예수 그리스도의 "충만함"은 고갈되지 않으며 정통 교리의 성립 과정으로 축소될 수 없"음을 드러낸 저작은 드물다. 나자렛 예수를 그리스도라 한 고백이 인류사에 어떠한 영향을 미쳤는지, '그때 거기'의 예수가 어떻게 '지금 여기'의 그리스도가 되었는지 질문하는 이들이 꼭 살펴보아야 할 저작이다.

· 『삶을 선택하라』, 로완 윌리엄스 지음, 민경찬 · 손승우 옮김, 비아, 2017.

그분은 고요함 가운데 오십니다. 그분은 누군가에게 의존하는 모습으로, 연약한 상태로 오십니다. 그분은 전적으로 거저 주시는 선물로 오십니다. 그분은 이 세상, 우리네 삶의 중심부에서, 어미의 태를 통해, 하느님을 신뢰하고 자신을 바친 마리아의 자유로운 사랑을 통해 오십니다. 그리고 이는 신비롭게도 그분이 "하늘에서 내려오셨다"는 고백과 일치합니다. 하느님의 삶을 사는 인간이라는 점에서 예수는 우리와 전적으로 다릅니다. 그러나 모든 면에서 우리와 닮았다는 점에서 그분은 우리와 전적으로 같습니다. 성서는 우리에게 바로 이 이야기를 전합니다.

성공회 104대 캔터베리 대주교이자 신학자인 로완 윌리엄스Rowan Williams가 2002년부터 2012년까지 캔터베리 대성당 및 방송에서 행한 성탄절과 부활절 설교들을 담은 책. 저자는 그리스도교의 근간이 되는 성육신 사건과 부활 사건의 의미를 현대 사회의 여러 문제에 대한 진단, 인간에 대한 성찰과 함께 밝히고 있다. 총 21편의 설교로 이루어져 있으며, 그리스도교 신앙의 핵심인 성육신과 부활의 의미, 현대 사회에서 그리스도인이 나아가야 할 바를 일관성 있게 그려낸다.

저자는 그리스도인이라면 누구나 알고 있을 성육신 사건과 부활 사건을 새롭게 바라볼 수 있도록 '낯설게' 이야기한다. 두 사건이 담고 있는, 하느님께서 인류를 향해 베푸시는 근원적인 은총을 밝히고, 이 사건들이 자아낸 놀라움과 충격을 일깨우기 위해서다. 그리스도는 "애처롭게 우는 아기"로 이 세상에 오셔서 인류가 "죄로 인해 상처 입고 흠 있는 존재라 할지라도 여전히 하느님의 생명을 품을 가능성"을 가지고 있음을 드러내시며 또한 부활하셔서 죽음에 매여 있는 인류에게 "삶과 … 현실의 실체를 드러내시며 참된 풍경을 열어" 주신다. 하지만 인류는 하느님의 자비와 은총을 당연하게 여기고 자기가 바라는 대로, 익숙한 대로 조종하기를 원한다. 저자는 신학적 상상력을 통해 이 '낯익음'을 뒤틀고 쪼개어 친숙함으로 가려진 세계의 실상을 우리에게 알리려 한다.

성육신이라는 주제와 관련해 주목할 부분은 그가 성육신 사건을 참된 인간됨, 그리고 현실 인간 사회를 잠식한 두려움, 인간의 자기방어와 연결한다는 것이다. 저자에 따르면 성육신 사건은 "창조의 근원이자 힘이며 모든 심장 가운데 살아 움직이는 심장"이 "누군가에게 의존하는 모습으로, 연약한 상태"로 오는 사건이다. 이 신비로운 사건은 인간이 근본적으로 의존하는 존재임을, 온전한 의미에서 의존하기 위해서는 두려움과 자기방어를 떨쳐내야 함을 드러낸다.

> (성육신 사건을 통해) 하느님께서 우리와 함께하심을 기쁜 마음으로 받아들이지 못한다면, 모든 인간과 모든 피조물, 모든 인간의 생명 한가운데 자리한 '참 빛'을 인식하지 못한다면 세상은 결코 온전한 세상이 될 수 (없습니다) … 이를 듣고 두려워한다면 그것은 … 우리가 진정 누구인지, 그리고 무엇이 되어야 하는지 몰라 두려움에 휩싸여 있기 때문(입니다).

이러한 맥락에서 성육신 사건은 이 세계에 무언가 새로운 것이 도래했음을, 인간과 세계, 그리고 하느님의 참된 모습을 선포한다. 그리고 이 도래는 예수 시대 당시와 마찬가지로 지금을 사는 우리에게도 응답과 참여를 요구한다. 그 응답과 참여란 타자에 대한 두려움을 떨쳐내고 자신을 투명하게 만드는 것, 자신의 의존성을 인정하고 서로에게 기꺼이 의존하며 그 의존의 망에 자신이 지닌 선물을 내놓는 것이다. 그리스도인의 사명은 성육신 사건과 부활 사건이 우리가 사는 이 세계의 참된 면모, "개인의 차원에서나 집단의 차원에서나 온 인류의 삶을 불구로 만드는 … 비극"의 심연을 들추어내는 이 사건들의 초대에 응해 하느님이 베푸시는 진실한 기쁨과 평화를 세상에 펼쳐내는 데 있다. 얼핏 쉬운 내용이고 문투는 부드럽지만, 통찰은 깊고 물음은 진중하고도 단호하다. 성육신 사건의 깊이와 넓이, 그리고 새로움에 눈을 뜨고 그리스도인으로 사는 길의 가치가 무엇인지를 보여주는 책이다.

· 『하나님의 인간성』, 칼 바르트 지음, 신준호 옮김, 새물결플러스, 2017.

우리는 "하나님의 인간성"을 어떻게 알게 되었는가? 무엇이 이런 표현을 허락했고 요청했는가? 그것은 그리스도론적인 진술, 아니면 그리스도론에 근거해서 전개되어야 하는 진술이다. ... (하느님의 인간성은) 바로 그리스도론적인 관점으로부터, 그와 함께 성서의 중심적-전체적 증언의 우월하고 정확한 관점으로부터 되받아쳐오는 피할 수 없는 역습을 전적으로 수용하는 모험을 뜻한다. 하느님의 인간성에서 우리는 분명히 예수 그리스도를 바라보고 있는 것이지, 어떤 추상적인 인간을 가리키는 것이 아니다.

『하나님의 인간성』은 20세기 가장 위대한 그리스도교 신학자로 평가받는 칼 바르트가 1950년대에 쓴 세 편의 신학 에세이('19세기 개신교신학'(1957), '하나님의 인간성'(1956), '자유의 선물'(1953))를 묶은 일종의 선집으로 바르트의 초기 신학 사상에서 후기 신학 사상으로의 발전 과정을 볼 수 있게 해주는 대표적인 책으로 평가받는다.

성육신이라는 주제와 관련해 특히 주목할 만한 글은 책 제목이기도 한 '하나님의 인간성'이다. 이때 '인간성'은 우리가 흔히 생각하는 인간이라는 종의 특징이 아니다. 바르트에게 인간성이란 "하느님이 인간을 향하시는 것, 그리고 인간과 맺으시는 관계", "'인간의 하느님'이 되려는 하느님의 의

지가 담긴 자유로운 은혜"를 뜻한다. 슐라이어마허로 대표되는 19세기 신학은 "인간", 특히 "종교적인 인간"을 중심에 놓고 하느님을 사유했고 그 결과 "인간이 하느님을 희생시켜 위대해"지는 결과를 낳았다. 하지만 이 위대함은 "인간의 일방적인 독백의 진리"에 지나지 않는다. 물론 이렇게 지적한 뒤 하느님과 인간의 "무한한 질적 차이"를 강조하는 것은 "슐라이어마허를 물구나무 세우는 것, 다시 말해 인간을 희생시켜 하느님을 위대하게 만드는 것"이라고 공격받을 소지가 있음을 그는 모르지 않았다. 그리고 이 지점에서 하느님의 신성을 강조해왔던 바르트는 하느님의 인간성에 대해 이야기하기 시작한다. 하느님의 신성이 그분의 "주권성"을 가리킨다면 하느님의 인간성은 "그분이 인간의 파트너로서 존재하고 말씀하고 행동"하시는 분임을 가리킨다. 이러한 맥락에서 하느님의 신성은 "인간성을 포함"하며 이 둘 모두가 드러난 사건인 예수 그리스도는 "하느님의 아들"이자 "사람의 아들"이다. 바르트가 보기에 여기에는 순서가 있다.

하느님은 보좌에 계신다. 이것은 예수 그리스도의 실존 안에서 하느님이 말씀하고 주고 명령하시는 사실이 절대적으로 우선한다는 것, 즉 인간이 듣고 받고 순종하는 사실은 단

지 그 첫 번째 사실을 뒤따를 수만 있고 또 반드시 그래야
한다는 것을 의미한다. ... "하느님의 아들"로서 예수 그리
스도는 또한 "사람의 아들"이시다. 이 순서의 역전은 불가
능하다.

영원한 예정, 즉 하느님의 신성이 예수의 인간성을 수용
하여 자신의 인간성을 이루기로 한 그분의 결단이 나자렛
예수라는 인격 안에서 역사적으로 실현됨으로써 '인간성'의
참된 의미, 인간의 참된 정체, 하느님의 형상으로서의 인간
의 정체가 드러난다. 근대 이후 대다수 사상이 전제하듯 인
간은 개인이라는 인격 안에 하나의 자아를 갖고 있는 존재가
아니다. 예수 그리스도라는 한 인격 안에 신성과 인성이 두
중심을 이루면서 연합하고 있듯 인간 역시 궁극적으로 하느
님과 연합하도록 되어 있다. 하지만 현재 인류는 그 형상이
일그러져 있으며 (달리 표현하면) 그 연합이 일그러져 있다. 이
와 달리 예수 그리스도 안에서는 두 본성이 "하나 됨"을 이루
며 관계를 나누고 그러한 방식으로 하느님과 인간 사이의 화
해를 이루어낸다. 이러한 맥락에서 예수 그리스도는 그 자체
로 "하느님의 인간성"임과 동시에 그 자체로 가까이 다가온
하느님 나라이며 (19세기 자유주의 신학이 그랬듯) 잘못된 인간의

드높임이 아닌, 그러한 드높임에 대한 부정임과 동시에 참된 의미에서 인간에 대한 긍정이다.

> 하느님은 인간의 범죄에 대해 변경될 수 없이 날카로운 "아니오"를 말씀하지 않고서는 인간을 향해 오지 않으신다. … 그 "아니오"를 예수 그리스도는 우리 인간을 위해 그분 자신이 스스로 짊어지셨다. … 그것은 그 "아니오"가 더 이상 우리에게 영향을 미치지 못하도록 하기 위함이고, 우리 자신이 더 이상 그 "아니오" 아래 위치하지 않아도 되도록 하기 위함이다. 하느님의 인간성 안에서 발생하는 것은, 그것이 바로 그 "아니오"를 자체 안에 포함하고 있기 때문에, 인간에 대한 긍정적인 확증이다.

바르트 특유의 수사에 낯선 이들, 신학 개념에 대한 충분한 훈련이 되어 있지 않은 이들에게 결코 쉬운 저작은 아니지만, 어느 정도 이에 익숙해져 있는 사람들이라면 바르트의 전체 그림을 가늠할 수 있기에 노력을 기울여 도전할 만한 가치가 충분한 저작이다. 그가 한편으로는 인간과 하느님의 무한한 질적 차이를 강조하면서도 동시에 철저하게 그리스도를 강조하는지를 헤아려 볼 수 있으며 성육신이라는 주제를 두고 얼마나 인간과 하느님에 대한 깊이 있는 통찰을 끌어낼 수 있는지를 보여주기 때문이다. 또한, 바르트가 19세기 신학, 이른바 자유주의 신학의 명과 암을 어떻게 조명하는지 살펴볼 수 있다는 점에서도 흥미롭게 읽을 수 있는 선집이다.

· 『그리스도론』, 디트리히 본회퍼 지음, 유석성 옮김, 대한기독교서회, 2010.

예수와의 만남에는 오직 두 가지 가능성만이 존재한다. 인간이 죽든지, 아니면 예수를 죽이든지. "당신은 누구입니까?"라는 물음은 여전히 모호하게 남는다. 이 물음은 또한 이러한 물음을 던지는 곳에서 자기 자신이 관여되어 있음을 알게 되며 대답 대신에 "그러는 당신은 누구입니까"라는 역질문을 받는 사람의 물음이기도 하다. 따라서 이 물음은 예수에게 심판받은 사람의 물음이다. "누구-물음"은 (오직 이 물음이 자신을 향하고 있음을 자각하는 곳에서만) 예수에게 제기될 수 있다. 따라서 인간이 예수를 끝장내는 것이 아니라, 예수가 인간을 끝장내는 것이다. … 그리스도론의 물음이 우리 로고스의 물음으로 남는 한, 그 물음은 "어떻게-물음"의 모호성 속에서 빠져나오지 못한다. 그리스도론의 물음은 오직 신앙의 행위 속에서만 학문으로서 "누구-물음"을 제기할 가능성을 갖게 된다.

히틀러가 집권한 직후인 1933년 여름 디트리히 본회퍼가 베를린 대학에서 강의한 '그리스도론'을 학생들이 기록한 강의록을 바탕으로 재구성한 책. 분량은 적지만 본회퍼의 신학에서 '그리스도론'이 차지하는 위상, 이 책이 이른바 그의 전반기 신학과 후반기 신학의 가교 구실을 한다는 역사적 평가 때문에 신학자 본회퍼를 이해하기 위한 필독서로 꼽힌다. 그리고 당대 역사적 예수 연구를 통해 제기된 그리스도론 문제, 그리스도 사건의 역사성 문제를 진지하게 다루고 있어 이 문제를 두고 고민하는 이들에게 커다란 도움을 주는 저작이기도 하다.

본회퍼가 보기에 교회는 오랜 시간 그리스도를 잘못 물었다. '그리스도는 어떻게 인간이자 하느님이신가?' 혹은 '그리스도 사건은 역사적 사실인가?' 이 두 질문에는(본회퍼는 이를 각각 '어떻게-물음'Wie-Frage과 '사실-물음'Das-Frage이라고 부른다) "인간의 로고스"로 "하느님의 로고스"를 판단하겠다는 오만이 서려 있다. 그러나 그리스도는 인간의 말로 표현할 수 없는 분이다. 인간의 언어로 규정된 그리스도는 이미 그리스도가 아니다. 그것은 죽은 그리스도, 인간이 만들어낸 거짓 그리스도다.

예수와의 만남에는 오직 두 가지 가능성이 존재한다. 인간이 죽든지, 아니면 예수를 죽이든지.

'어떻게-물음'과 '사실-물음'은 모두 그리스도를 죽이는 길이다. 본회퍼에 따르면, 우린 그리스도가 누구인지 물을 수 있을 뿐이다. 그리스도께 "당신은 누구입니까?"라고 물을 때, '누구인지를 묻는 물음'Wer-Frage을 물을 때 인간은 더는 평가자가 아니다. 그는 말씀을 기다리는 청자일 따름이다. 그 물음 속에서 인간은 자신의 정체와 한계와 실존적 상황을 깨닫게 된다. 그래서 초월을 향한 '누구인지를 묻는 물음'은 인간의 실존 물음이며 "신앙 속에서만, 그 질문의 대답을 가지고 있는 신앙 속에서만" 제기될 수 있다. 하지만, 여기서 우리는 실수할 수 있다. 즉 복음서에 나오는 예수의 활동을 보고 거기서 '그가 누구인지'를 밝혀내려는 시도는 필연적으로 예수의 참된 정체를 파악하는 데 실패할 수밖에 없다. 누군가의 활동에서 그의 "인격을 추론하는 일은 일반적으로, 그리고 인간적으로 불가능할" 뿐 아니라, 예수는 "하느님이기에 역사로부터 직접 하느님을 추론하는 것은 불가능"하기 때문이다. 이러한 생각을 바탕으로 본회퍼는 고전적인 신학, 마르틴 루터의 신학을 다시 사유하며 조정하고, 그리스도론, 교회론, 성찬론을 둘러싼 다양한 논의들(역사적 예수 연구를 포함한 근대 주류 자유주의 신학, 개혁교회의 신학, 축자영감설, 그리고 가현설, 에비온주의와 같은 고전적인 이단)을 비판한다. '제2부 역사적 그리스도'의 첫 문장은 이 책에서 펼쳐지는 모든 사유의 출발점이자 결론이다.

현재하는 그리스도gegenwärtiger Christus는 역사적 그리스도geschichtlicher Christus다. 역사적 그리스도는 역사적 예수 geschichtlicher Jesu다.

내용의 세부 내용을 충분히 음미하기 위해서는 신학사, 철학사에 대한 배경지식을 상당 수준 요구하기 때문에 읽기 위해서는 상당한 노력을 기울여야 하지만 그러한 노력이 전혀 아깝지 않을 정도의 탁월함과 깊이를 지닌 저작이다.

· 『신경의 형성 – 신경은 어떻게 신경이 되었는가?』, 프랜시스 영 지음, 강성윤, 민경찬 옮김, 비아, 2022.

'그리스도교의 헬라화'Hellenization of Christianity는 더는 애통해 할 일이 아닙니다. 그리스 철학과 유대교 전통들의 결혼은 적절하고도 유익했고 그 결실로 그리스도교라는 새로운 것이 나왔습니다. 그리고 그리스도교는 한편으로 부모의 특징을 물려받았고, 부모와 자신을 차별화하면서 정체성을 형성했습니다.

영국의 역사신학자 프랜시스 영이 전통 그리스도교의 니케아 신경, 칼케돈 신경과 같은 주요 신경들이 어떻게 형성되었는지를 살핀 저작이다. 계몽주의의 등장 이후 이 신경들은 교회 밖은 물론, 교회 안에서도 자주 의구심의 대상이 되었다. 교회 밖에서 이 신경들은 일방적인 신념의 선언으로 간주되었다. 그리고 교회 안에서 이 신경들은 예수의 생명력 있는 복음을 그리스 철학의 언어로 '왜곡'하거나 그 생명력을 잃게 만든 시도의 산물이라는 견해가 힘을 얻었다. 때로는 이와 변화한 교회의 위상과 연결해 '박해받는 교회'에서 '박해하는 교회'가 되는 동안 '제국 교회'의 통치 이념을 반영

하는 정치, 사회적으로 지배자들의 논리를 강화하는 수단으로 보는 시선도 있었다. 영은 이러한 시선에 반대하며 신경을 통해 초기 교회가 유대 신앙과 복음, 그리스 철학의 연속성을, 그러면서도 예수 그리스도로 인한 새로운 깨달음을 담아내려 했음을 보여준다.

당시 교회들은 교회 안팎에서 제기되는 도전들에 맞서 정형화된 고백 언어 자료들에서 중요하다고 판단한 표현들을 선택해 그리스도교인들이 세상을 어떻게 이해하는지를 보여주는 '가장 중요한 이야기'overarching story를 제시하려 했습니다.

일반적으로 교리사, 혹은 신경 형성사는 교회사와 따로 취급되거나 부분적으로만 교회사와 연결되는 경향이 강하다. 하지만 영은 둘의 관계를 긴밀하게 엮으며 독자들이 초기 그리스도교 사상의 발전과 교회의 발전이 어떠한 식으로 맞물려 돌아가는지를 파악할 수 있게 해주며 그리하여 신경에 담긴 통찰과 내용이 여전히 현재성을 지니고 있음을 자연스럽게 드러낸다.

그리스도교 공동체는 언제나 진리와 정체성을 두고 고민했으며 이는 개인이 홀로 자유롭게 생각해 결정할 수 있는 사안이 아닙니다. 문화가 바뀌고 언어가 바뀜에 따라 그리스도교가 전하는 진리는 해석과 재해석을 거칠 수밖에 없습니다. 하지만 그렇다고 해서 전통적인 신경 형태와 교리에 담긴 흐름을 거부하거나 대체하는 것은 적절하지 않습니다.

무로부터 창조 교리가 가진 문화적 함의, 성육신 그리스도론과 신화의 구원론을 함께 사유하는 아타나시우스의 구원론적 그리스도론, 아우구스티누스와 카파도키아 교부의 삼위일체론이 공유하는 근원적 통찰들, 필리오케 논쟁과 성령론의 관계, 내재적 삼위일체와 경륜적 삼위일체의 구분되면서도 연관되는 관계 등 신학을 이해하기 위해 반드시 고민해야 할 논의들, 현대 신학과 교회가 여전히 오해하고 이해하며 씨름하는 중요한 주제들을 매우 간결하고 생생하게 풀어내고 있기에 신경의 의미를 되새김은 물론 교부들의 고전적인 저작들(성육신과 관련해 가장 중요한 저작은 『말씀의 성육신에 관하여』(아타나시우스 지음, 죠이북스, 2022)이다)을 살피기 이전에 입문서로도 매우 유용한 저작이다.

성육신
– 하늘과 땅이 겹치는 경이

초판 발행 | 2022년 10월 31일

지은이 | 윌리엄 윌리몬
옮긴이 | 정다운

발행처 | 비아
발행인 | 이길호
편집인 | 이현은
편 집 | 민경찬
검 토 | 김진혁 · 이광희 · 조윤 · 황윤하
제 작 | 김진식 · 김진현 · 이난영
재 무 | 이남구 · 김규리
마케팅 | 유병준 · 김미성
디자인 | 민경찬 · 손승우

출판등록 | 2020년 7월 14일 제2020-000187호
주 소 | 서울시 강남구 봉은사로 442 75th Avenue 빌딩 7층
주문전화 | 010-2088-5161
이메일 | innuender@gmail.com

ISBN | 979-11-91239-95-9 03230
한국어판 저작권 ⓒ 2022 타임교육C&P